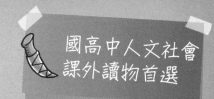

中學生一定要知道的

台灣史

HISTORY OF TAIWAN

鴻漸 *i* 悅讀編輯團隊◎編著

- 手繪插圖
- 生動故事
- 創新史識
- 核心素養

序言

i 悅讀帶您趣讀經典世界

十二年國教正式起跑，為台灣教育史開啟嶄新的一頁，升學考試的緊箍咒鬆綁後，多元與自主學習顯得格外重要。*i* 悅讀系列叢書一改傳統死記硬背的學習模式，透過詼諧有趣的故事，帶領學子們了解課本沒教但又發人省思的知識，希冀透過閱讀來擴展視野、深化人文素養、提升寫作能力，強化時事認知並增廣見聞，以建立正確的人生觀。

在新興的教育趨勢來襲之下，家長不能再用自己的升學經驗套用在孩子身上。以往的課程內容造就了「我們與家鄉的距離」，面對現今強調學習與生活環境結合的方式，試問我們該如何給予孩子們一臂之力？

本書便是在「陪伴學子眺望未來」的使命之下誕生。精選出中學社會課程中，最具代表性的台灣史主題，由一段引言概述其演變脈絡，並透過淺白易懂的故事搭配活靈活現的逗趣Q圖，介紹該人物的生平事蹟或是該事物的發展歷程及影響。讓遙遠的歷史事件宛如在眼前上演，藉此也能以更全觀的角度了

解他們在台灣史上的卓越貢獻及重要地位。此外，文中不時穿插與主題相關的名言佳句、史料紀錄，使讀者能夠與課堂上所學知識相互結合，在加深文本閱讀能力之餘，陶養品性。

　　這是一本學校課本不會詳述，但又非讀不可的延伸讀物，宛如小說情節般精彩的故事，除了完整闡述事件的發展過程與提供豐富的知識，還能啟發讀者去發掘「生活周遭的歷史記憶」，創造不一樣的學習經歷，進而從別人給定的標準答案窠臼中突破，培養順應變動的競爭力，追求真正屬於自己的答案！期許莘莘學子們能藉由本書提升所學知識涵養，加強對多元文化的關懷理解，建構人文思維及擴展歷史識見，開創出自己的璀璨人生！

Knowledge, like a sea, is boundless; only through hard study can one reach the destination.

學海無涯，惟勤是岸。

目錄

人物

事件

揆一

1615 ～ 1687

名字為荷蘭名 Frederick Coyett 直譯，在文獻裡又稱為揆一王或夷酋揆一。是荷蘭東印度公司官員，及荷治時期最後一任台灣總督，其著作——《被遺誤的台灣》，是認識荷蘭與鄭成功海戰的重要史料。

　　說到台灣歷史之中的統治者故事，會聽過西班牙人、荷蘭人、日本人、中國人，但沒人會想到，統治過台灣的，還有一位瑞典人吧？他是荷蘭時期統治台灣的最後一任長官，是中文文獻裡記載的揆一王，讓我們一窺他在台灣的故事吧！

　　西元 1615 年，揆一出生於斯德哥爾摩，其家族是瑞典貴族世家。而他也不負家族名聲，進入當時揚名國際、勢力遍布各地的荷蘭東印度公司上班。揆一雖然年紀輕，但是非常有能力，30 歲時就成為公司的高級商務專員，娶了同樣有錢有勢的老婆，由於其妻子姊妹的丈夫正是當時荷蘭統治台灣

▶ 1615C.E.	▶ 1645C.E.	▶ 1647C.E.	▶ 1656C.E.
揆一出生	升任為高級商務專員	擔任日本出島商館館長	升為台灣總督

第八任長官，這樣一層連襟姻親的關係，讓他往台灣長官之路又更加地接近了。

　　由於揆一在公司裡表現良好，升上高級商務專員沒多久就被調派到日本，擔任日本出島商館的館長。這段期間也有踏上台灣進行商業往來，幾次交際的績效表現良好，終於在西元 1656 年的時候，揆一被任命為台灣第十二任長官。只不過看似是叱吒風雲、光鮮亮麗的仕途發展，卻是揆一命運進入轉折點的序幕。

　　揆一才剛剛接管台灣沒多久，台灣最熱情的朋友──颱風便登門探訪了。不常接觸到這種氣候現象的揆一，無法做出正確的防災措施與準備，於是作物、財物受到了嚴重的損傷，一時之間士氣挫敗。而那時候的海上又有鄭成功的勢力盤踞，雖然說還沒有正式進入台灣，但是揆一是個有遠見和觀察力的人，他評估以鄭成功的能力和戰力，絕對會是東印度公司未來能否繼續保有台灣的一大隱憂。再加上原有的軍力、糧草都被颱風破壞得差不多了，若鄭成功真的在此時攻打到台灣，那麼荷蘭官兵們必定是無招架之力，所以揆一立刻寫信給總公司，希望他們派後援前來。

　　總部不派人來，揆一就持續不斷地寫，糾纏到總部受不了，真的派了十二艘軍艦來台。但那時候的荷蘭正在跟葡萄牙搶奪澳門，想要前往戰線建立戰功的軍艦總司令十分不滿，認為揆一根本就不懂戰事，區區一個鄭成功有什麼好擔心，

▶ 1662C.E.	▶ 1674C.E.	▶ 1675C.E.	▶ 1687C.E.
降於鄭成功被監禁流放	子女求情、贖回揆一	發表著作《被遺誤的台灣》	揆一逝世

所以時常跟揆一發生口角。而鄭成功也掌握住這個情勢，若是發現軍艦守著，就完全不靠近台灣，只是遠遠觀望。在空等了幾個月的時間後，總司令按耐不住便下達命令，將軍艦調回巴達維亞。回去之後總司令便將這一切的責任歸咎於揆一，使得東印度公司決定將他革職，另外指派一名官員——克朗克前去交替他的職務。

結果守株待兔了九個月的鄭成功，一看見軍艦離開，立即發動攻勢，準備進占台灣。而本應來台交接職務的克朗克，還沒踏上台灣，就驚見戰事，甚至情勢一面倒，於是連船都不停便轉了方向逃向日本。

戰事的發展，揆一並非立刻被打敗，他帶著荷蘭軍堅守在熱蘭遮城裡；而摸不清熱蘭遮城虛實的鄭成功，因為糧草不足，一時也攻不下，便以心理戰的方式喊話「投降者生」，然後讓兵力休整，就地屯田準備長期抗戰。

守台灣城夷長揆一見官兵來齊，遣頭目拔鬼仔率鳥銃兵數百前來衝擊。陳澤迎戰，一鼓殲之，拔鬼仔戰死，餘夷退走。初四日，

赤崁城夷長貓難實叮以城孤救之，賜姓遣楊朝棟招諭之，遂率夷人三百餘民出降。賜姓令赤崁夷招夷長揆一等來降，不從。

　　然而，揆一根本不打算投降，於是繼續向總部求援，結果總部的確派人來了，但戰力卻少得可憐。再加上那時清朝政府的閩浙總督也表態願意支持鄭成功，這讓揆一遇上了四面楚歌的情境，但他仍不肯放棄，於是準備了許多禮品想要送給福建官員們及總部派來的總司令，希望他們可以不要加入戰局，並提升荷蘭軍隊的士氣。福建官員們收下禮品後是安分多了，但是在幾艘荷蘭軍艦被鄭成功打敗後，總司令就帶著揆一的禮品逃之夭夭。孤苦無援的揆一得不到任何支援，僅能孤零零地帶著僅存的荷蘭軍抵制鄭成功，在苦苦堅守九個月之後，揆一仍舊逃不過投降的命運。

　　一波未平一波又起，回到總部之後揆一遭受更多的不平等待遇，沒有人感謝他在台灣的付出，東印度公司只將失去台灣的所有過錯都歸咎於投降的揆一身上。不但將他所有的財產充公，甚至想判揆一死刑！最後揆一被判處無期徒刑，流放到印度的一個小島上，悲屈地渡過漫長的八年。

　　這八年期間，因為太過憤慨，揆一於 1675 年以匿名「C.E.S.」出版了《被遺誤的台灣》（'t Verwaerloosde Formosa）一書，記錄事情發生的開始到結束，所有過程中遭遇的委屈與忽視，寫下在荷蘭統治之下台灣的發展，全都是人為因素與總部默許所導致的結果。而從各種中文史料來看荷蘭與鄭氏的海戰，皆是以漢人的角度所描繪，無法進一步得知荷蘭方面的說法，透過這部作品，讓我們對於那段歷

史可以得到有別以往的認知。同時他在著作中也表達了自己
對鄭成功的欣賞與感謝，也希望彼此都能放下戰爭的傷害與
立場，建立一個人與人的平等認識和交往，期望未來有一天
自己的子孫們能夠重新回到台灣，看看自己曾經生活、統領
過的島嶼。

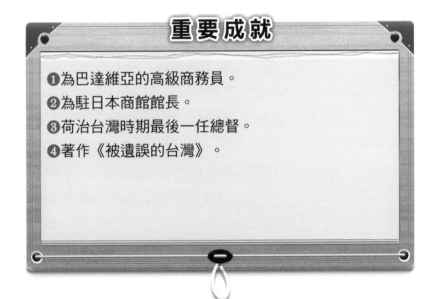

重要成就

❶為巴達維亞的高級商務員。

❷為駐日本商館館長。

❸荷治台灣時期最後一任總督。

❹著作《被遺誤的台灣》。

陳永華

1634 ～ 1680

生於西元 1634 年，卒於西元 1680 年，享年 46 歲。字復甫，諡文正，福建同安人。其深得鄭成功的賞識，並譽「復甫乃今之臥龍也」。後隨鄭成功來台，是為台灣儒學教育的倡導者，被譽為台灣諸葛亮。

　　「平生不識陳近南，便稱英雄也枉然。」一句話將武俠小說《鹿鼎記》裡總舵主的形象推上了至高無上的榮耀，就連主角韋小寶也是對這位師父敬愛無比。

　　而真實世界裡被參考描寫出來的原型人物，雖然並不會飛簷走壁，也沒有高強的武學功夫，但實際上為台灣帶來的貢獻與成就，其影響的深遠程度絕對是超乎小說人物，現在就讓我們一起來認識這位「東寧臥龍」——陳永華。

　　西元 1634 年（明崇禎 7 年），陳永華出生福建同安，追隨父親成為一位儒生，打算以教為業，但是想過著平凡小人物生活的夢想卻沒能實現。清兵到來、他的父親受到迫害，

▶ 1634C.E.
陳永華出生

▶ 1656C.E.
被鄭成功延攬入府

▶ 1662C.E.
協助鄭經進攻台灣

▶ 1664C.E.
任諮議參軍，推動屯田制、發展鹽糖業

讓少年陳永華認為得以天下先，便帶著滿腔的熱血和憤慨加入了反清的陣營。

　　身為海上霸主鄭芝龍之子——鄭成功帶領眾人驍勇善戰，在水戰上獲取極大的勝利。他亦占領了廈門，據地為王，舉著反清復明的旗幟招攬能人賢士，想要助朱氏奪回江山。也就在這時候，兵部侍郎王忠勇向鄭成功推薦了陳永華，平時的陳永華是個寡言的人，但是一當有人與他談論時事、兵策之謀的時候，話匣子打開便停不下來。

　　好巧不巧，遇上鄭成功，兩人氣味相投，碰面深談後，鄭成功甚至大腿一拍，忍不住說道：「你就是當今的諸葛孔明！」對陳永華賞識有加，還直接賜封諮議參軍一職，把他延攬進自己府中，希望能對自己的兒子發揮潛移默化的功效。只不過當時陳永華認為自己還沒有實質上的貢獻，並不適合被授與官職，只接受了鄭成功的招攬，為他盡心盡力地獻策與籌劃，以及擔任鄭經的老師。

　　西元 1662 年（清康熙元年），鄭成功將在台灣的荷蘭人驅離，並進駐台灣。不過志業尚未開展，鄭成功就因積勞成疾，在同一年間猝然病逝。大將軍一離世，底下的人便蠢蠢欲動，當時在台灣的黃昭想擁立鄭成功的弟弟——鄭襲來接手鄭成功的一切。

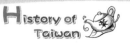

　　而曾受鄭成功賞識的陳永華則認定不能辜負其遺志，便和馮錫範合作協助鄭經攻打到台灣，奪回鄭成功的繼承之位。陳永華對鄭經搶回繼位一事，勇於謀劃與出任職務，讓鄭經對他是更加倚重，重新向陳永華提起擔任諮議參軍，希望對方協助自己管理台灣這塊領土。

　　接任諮議參軍之後，陳永華猶如三國時代的諸葛孔明，為鄭經籌謀台灣領土整體的整治計畫，從無到有地建立起許多制度。

　　想要讓人民聽話，就得有個確立官威的機關建築，所以建造衙署辦公；想要掌控人民動向，就得有個戶口名簿，所以引進了保甲制度，以十戶為一牌，十牌為一甲，十甲為一保。甚至為了提升人民的榮譽感，就像在班級裡選任小班長一樣，選出牌首、甲首、保長來管理。

　　話說台灣雖然是個物種富饒的島嶼，但要是認為隨處都有糧食不用愁吃，是不可能的事情，所以陳永華最首要的艱鉅任務便是要養活這浩浩蕩蕩的十萬大軍。某天靈機一現，陳永華想到一個絕妙的方法，那便是鼓勵軍屯，想要有糧吃

那就自己種，於是將所有兵員通通分派到各地去墾殖。現今台灣還有許多地名，像是左鎮、右昌等名稱，就是當時所留下的歷史痕跡。

　　再來，為了改善整體社會風氣、提升人民素質，陳永華禁止嫖妓、賭博等行為，遊手好閒之人就通通分配去種植甘蔗或曬鹽。在此之前，鹽的提煉都用煎煮取鹽的方式，但這使得鹽的品質非常差，所以陳永華帶著人們先讓海水淋到沙土上形成鹽土，再提煉出鹽滷，拿去結晶池日曬，提升鹽的品質。

　　另外，陳永華也教導人民在各地種植甘蔗，並提煉出砂糖，販售至海外，愈來愈高的獲利讓許多人民前仆後繼地投入製糖產業。種種制度的開創與產業的建立，不但讓人民的生活溫飽，也充足了政府的財庫，讓鄭經是眉開眼笑，對陳永華更是愛護有加。

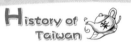
　　眼看民眾安生、社會經濟繁盛，陳永華曾經的教育理想，有了曙光重現的機會。他向鄭經建議發展文教事業，未來才能有更多能人賢士輔佐、參與反清復明。鄭經一開始根本不把讀書培養人才當作一回事，他認為軍人才是打下江山的基礎。但在陳永華不放棄地勸說，並以周文王七十里國土卻成就大業的故事，向鄭經解釋作育英才的重要性，這才讓鄭經答應了發展文教的安排。

　　於是在西元 1666 年（永曆 20 年；清康熙 5 年），第一間孔廟於當時的行政中心——承天府建立（位置坐落於今台南市中西區），成為台灣第一座官立的學堂。

　　而陳永華並沒有只獨厚權貴或官僚，他建立了完整的升學取才制度，規定所有地方都需興建小學，就連原住民的孩子也可以唸書，凡是八歲的學子就得入學校就讀，一路往上升學，經過州試、府試、院試，全部通過就可進入太學就讀，成為將來政府所需要的人才。

　　而在台灣一片安詳，各項發展穩定之後，鄭經開始將心思放在大片的中國故土之上。他聽了吳三桂的建議就想著要去攻打出征。那時鄭經已經自立為王，將台灣稱為東寧，於是在遠征之前，他將權力交付給陳永華，將其封為東寧總制，承接了管理整個台灣的任務。

　　被賦予重任的陳永華還當真把所有重擔往肩上扛，效法諸葛孔明鞠躬而盡瘁，為鄭經打理整個東寧王國，這種燃燒生命的方式，想當然身體負荷不了，健康每況愈下。

　　西元 1680 年（永曆 34 年；康熙 19 年），鄭經戰敗而歸，陳永華自責沒有輔導君主凱旋歸來，加上馮錫範在一旁揪動

誘騙影響之下，陳永華便辭去總制等官職，退居、遠離朝局，同年隔月便感染流行病病逝。

復甫經營真將略，斯庵痛哭老儒冠。

重要成就

❶擔任諮議參軍。

❷擔任東寧總制（總督的別稱）。

❸引進淋滷曬鹽法。

❹從甘蔗中提煉砂糖，貿易至日本、英國。

❺建立第一座孔廟、引進儒家思想。

❻將孔廟成立為學堂，被稱為全台首學。

❼引進保甲制度。

鄭用錫

1788 ～ 1858

> 譜名文衍,又名蕃,字在中,號社亭。為清朝政治人物,祖籍金門縣,居於台灣新竹。道光年初以科舉入仕,是清代以台籍而高中進士的第一人,有「開台進士」、「開台黃甲」之譽。

　　秀才、進士、探花、狀元等透過考試而得到的稱謂,是中國傳統科舉選才的特有文化,而在台灣納入清朝版圖之後,也有了第一位進士,他就是「開台進士」——鄭用錫。

　　西元 1788 年(乾隆 53 年),鄭用錫出生於淡水廳後龍,也就是現在的苗栗,後來他跟隨家人搬到新竹居住。鄭用錫的爸爸鄭崇和是博士弟子,屬於國家重點培育的人才,而鄭用錫也繼承了老爸的才智,從很小的時候就特別聰明,當別人還在玩泥巴的時候,他已經可以熟讀各類經文典籍,尤其擅長中國古籍——《易經》。鄭用錫的優秀,身邊的人皆有目共睹,周圍的人無不稱讚這孩子未來無可限量,而且他父

大事記

▶ **1788C.E.**
鄭用錫出生

▶ **1823C.E.**
賜同進士出身

▶ **1826C.E.**
稟請改建淡水廳城,即竹塹城

親對他特別器重及放心，因為在課業方面，不需他人催促，鄭用錫就會自動自發地學習。

備受眾人肯定的鄭用錫也沒有因此自負，仍是十分用心在學業上，從第一次考試便一路過關斬將，開始展現他驚人的天賦，二十三歲考上秀才，接著三十歲中舉人。明明是很艱難的考試，對鄭用錫來說卻是易如反掌，卓越的考試能力，讓身邊的同學都巴不得偷換他的考卷。而後來更在 1823 年（道光 3 年），鄭用錫三十五歲的時候高中進士，成為全台灣第一位登科朝堂的人。這登科的消息一公布後可不得了了，台灣被納入清朝的版圖一百多年以來，從來沒有真正的台籍學生能夠順利通過這些困難的考試，一路考到皇帝面前，甚至拿下名次。由於科舉考試登榜是漢人傳統文化中的榮譽，所以鄭用錫的優秀，讓整個台灣都一同為他慶祝，還特別給予「開台進士」的美譽。

▶ 1828C.E.
加同知銜（文官官職）

▶ 1853C.E.
寫下〈勸和論〉

▶ 1858C.E.
鄭用錫逝世

　　而成為進士的鄭用錫，在達到光宗耀祖的目標後，進一步就希望可以打造自己的家鄉，為地方帶來一些改變，所以他拜見了當時的台灣府淡水撫民同知——李慎彝，請他看在自己為台爭光的份上，稟請皇帝改建淡水廳城（即竹塹城），並自願負責監工。在皇帝的許可之下，總共花費兩年時間把城建好。結果道光皇帝認為鄭用錫監督修築城池有功，又給他加了個官階。

　　不過，官場生存不易，時常都需要應酬交際，這對鄭用錫這類文人來說，幾乎是種精神折磨，於是西元 1837 年（道光 17 年）的時候，鄭用錫以父母年邁，怕子欲養而親不待為理由，請求返鄉。百善孝為先，皇帝也沒什麼理由拒絕，再加上鄭用錫也並非朝廷要臣，就同意了。

　　返回台灣之後，鄭用錫開始過起自在的養老生活，把自己家裝潢一番，還取名為「進士第」，留存至今成為台灣的知名景點之一。雖然是辭官而回，但鄭用錫並沒有因此過著退隱山林、不問世事的生活，當時英軍想要侵犯占領台灣的時候，鄭用錫甚至主動帶著地方鄉勇們前去擊退外敵。

　　另外，在後來的百姓械鬥事件中，他也曾出面調解以及寫下〈勸和論〉，告誡人們應該要以和為貴的道理。鄭用錫的〈勸和論〉，也被中華民國教育部選為「文言文範文」之一，至今日仍時常為高中必讀選文。

自來物窮必變，慘極知悔，天地有好生之德，人心無不轉之時。僕生長是邦，自念士為四民之首，不能與當軸及在事諸公，竭誠化導，力挽而更張之，滋愧實甚。願今以後，父誡其子，兄告其弟，各革面、各洗心，勿懷夙忿、勿蹈前愆。既親其所親，亦親其所疏，一體同仁，斯內患不生、外禍不至。漳、泉、閩、粵之氣習，默消於無形，譬如人身血脈節節相通，自無他病；數年以後仍成樂土，豈不休哉！

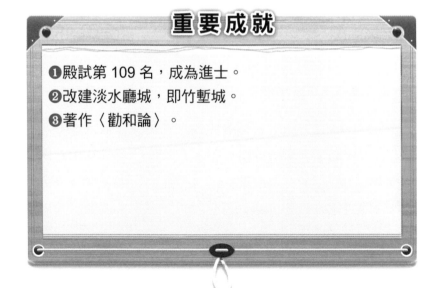

重要成就

❶殿試第 109 名，成為進士。
❷改建淡水廳城，即竹塹城。
❸著作〈勸和論〉。

李春生

1838 ～ 1924

福建廈門人。清末日治時以茶貿易致富的仕商，被譽為台灣茶葉之父，是外銷台灣茶到歐美各地的先驅者。同時也是台灣基督長老教會的奠基者，奉天道為其思想體系之核心，是台灣第一位思想家與哲學家。

　　若要說到台灣知名特產，我們絕對不會錯過享譽國際的台灣茶葉，而奠定台灣茶葉穩居世界地位的人，首要感謝的就是台灣茶葉之父——李春生。他就像盤古開天闢地一般，在台灣引進茶葉、培育茶農，建立起屬於台灣茶的帝國版圖。

一人之力有限，合國之才無窮。

　　除了在商業方面有著顯著成就之外，李春生時常提倡儒家思想，呼籲讀書教育的重要性，希望彼此可以互相合作，為國家做出貢獻。身為虔誠的基督教徒，李春生有著堅定的宗教信仰與核心思想，他認為社會想要進步和獲得安定，就

大事記

▶ 1838C.E.	▶ 1857C.E.	▶ 1878C.E.
李春生出生	任職廈門英商怡記洋行	任台北城建築委員，獲「敘五品同知」頭銜

不該只注意自己，必須拿出自己所有，分享給周遭的人，在台北城治安最為混亂的時候，也是李春生出面為民協調、解決糾紛。讓我們一起來了解這位充滿魅力的傳奇富商吧！

　　西元 1838 年（清道光 18 年），李春生出生於福建廈門，父親的工作是負責載人渡船，所以他小時候家境並不富裕，讓他不得不放棄學業、打工貼補家用。而他的爸爸信奉基督教，時常帶著李春生領受福音，教會他與人分享、互相幫助的美德。在他 14 歲左右，他爸就帶著他受洗、正式學習基督教的教義，從此成為李春生的核心思想，造就他日後樂於奉獻與願意為他人付出的性格。也因為在教堂裡接受神父、教友的指導，李春生年紀輕輕就說得一口流利的英語，許多在教堂裡交流的故事與分享，打開了他的眼界和胸襟，18 歲的時候，他就成為一名背包客，獨自走遍上海、香港，以及安平等各地沿海城鎮。

　　即使沒有從正規學校畢業，李春生豐富的經歷讓他比同年齡的同事們學習到了更多不同的工作和經商的思維，也讓他比一般人更能掌握時勢與瞻望未來，在公司裡特別受到賞識與重用，20 歲就擔任了商行掌櫃，相當於是一個地區級經理。

　　而因這份工作，讓他認識了一名英國商人——陶德，陶德對於這樣一個年輕有為的青年非常欣賞，所以時不時就想挖腳李春生。就此同時，發生了太平天國事件，洪秀全自稱

神力護體、是神指定的代言人,以神的名義組織太平天國四處攻打,使廈門的商業停頓和影響人民安危。於是在1864年(同治3年),李春生便答應了陶德的邀請,擔任外商的專案經理人,來到台灣重新發展。

那時候英國人非常注重喝下午茶的文化,於是茶葉的需求量和價值非常高,所以李春生在陶德的指示下,協助公司培植茶葉作為商行的主要貨物。李春生對茶葉的貢獻有兩大方向,一個就是引進國外的茶葉技術、提升台灣茶葉的品質;另一方面為了提升產量,所以李春生鼓勵民眾來貸款,並且協助人們學習種植茶葉,以此來奠定茶葉產業在台灣的發展基礎,開啟了台北城的經濟發展。

隨著他個人的積極與努力,李春生累積的財富與板橋林家的林維源不相上下,兩人並列為台灣的首富。家財萬貫的他並沒有把目標放在繼續追求財富,而是投身於社會公益,時常自主地拿出自己的錢給與有難的人。而且李春生的付出甚至超越了政府的功能,當時哪裡橋斷了,他就花錢找人修橋;哪裡建設壞了,他就自掏腰包請人重新設計、裝修,幾

乎能說是台北城的再生父母，一手打造了台北城的樣貌。當時日本接管台灣的時候，街上一片混亂、衝突不斷，也是李春生為社會發展擔憂，自發性地邀請地方各位有錢人們，一起出錢出力協助政府穩定民心。

　　過去因為家境問題，讓李春生沒有辦法繼續學業，所以平時的他除了忙於工作、關心政治與地方建設之外，其實他還特別在意教育知識傳承的問題，他曾分享過：「讀書所要，不但審問、慎思、明辨而已也，貴在展卷如臨敵，切磋如對壘。」所以工作之餘他總會繼續閱讀書籍報紙，將自己的見解與新知透過文字寫下、分享，而從小受惠於教會的李春生，也在台北大稻埕建立了長老教會與修復其他遭受破壞的教堂，透過演說來鼓勵人們把握讀書的機會，並且將基督愛人與互助分享的精神傳播出去。

　　李春生一生的貢獻，深深地影響了台灣，當年若是沒有他的付出，或許台灣經濟就無法有後面穩定發展的根基。而他也不同於一般財富至上的商人們，他有著古道熱腸的心思，

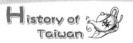
從不吝嗇花錢資助需要的人們和建設，完全把台灣當作自己的故鄉，盡心盡力地付出。而李春生也把每一個在他身旁學習的年輕人或者教會裡的孩子，當成自己親生的孩子一般，親力親為、一點一滴地把自己所有的知識和過去的經歷毫無藏私地分享出去，就是希望能夠有愈來愈多的有才之人，協助國家發展和照顧社會，雖然他已經過世許久，但相信李春生的精神仍就會一直在台灣這片土地傳承下去。

重要成就

❶著有《天演論書後》、《東西哲衡》、《哲衡續集》、《宗教五德備考》等作品。

❷任職廈門英商怡記洋行、淡水寶順洋行、台北城建築委員、蠶桑局副局長、土地清丈委員、台灣鐵道敷設委員、大稻埕長老教會長老。

❸任清廷洋藥釐紀念總局監察委員、台灣茶葉顧問。

❹建議政府設立「保良局」。

明石元二郎

1864 ～ 1919

號柏蔭，福岡出身，為日本的陸軍大將，曾受指派前去俄國煽動革命黨起義，使俄國無力對抗日本。後來擔任台灣總督，致力於台灣全島的建設和制度推動，是唯一一位於任內逝世及葬於台灣的總督。

　　從就讀軍校開始，明石元二郎就是位盡忠職守、聽從指令的優秀學生，每每交辦給他的任務皆能完美達成，所以多次被派遣到各地進行任務。直到後來到了台灣擔任總督，台灣成了他生涯裡的最後一站。「願余死後能成為護國之魂，亦或鎮護吾台民如」，這是明石元二郎生前時常說的話，而他也是唯一埋骨長眠於台灣的日本總督，究竟是為什麼，使他對台灣如此鍾情，就讓我們一起從他的故事裡，看看他眼中的台灣。

　　西元 1864 年（元治元年）的時候，明石元二郎出生在福岡，在他三歲左右，爸爸就因為別人的告密，最後選擇了以

1864C.E.	1895C.E.	1901C.E.	1902C.E.
明石元二郎出生	擔任近衛師參謀	任日本駐法國公使館陸軍武官	轉任駐俄公使館武官

死明志，而經歷這一切的明石元二郎自此性格大變，讀書的時候也不願與人來往、不交朋友，只專注在自己的目標和數學研究裡。少了與人相處的時間，明石元二朗卻多了更多讀書、學習的機會，他專研並精通八種外國語言，許多題目不但是完成，還要追求完美地完成。所以即便是性格古怪，明石元二郎的能力仍是相當受人肯定，他時常被派遣到不同的國家進行交流，他去過朝鮮擔任司令，到過法國、俄國還有瑞典任職，加上年輕時候曾前往德國留學，是後來的日本軍官中，少數接受歐洲文化洗禮的開明派。

　　日本陸軍參謀本部參謀次長——長岡外史曾說過：「明石的能力相當於陸軍 10 個師團。」這句話絕對不是開玩笑或者因為客套而說出的讚美，而是因為明石元二郎的傑出事蹟。在西元 1904 年（明治 37 年）的時候，為了日俄戰事，他努力遊說俄國當時的革命領導人——列寧起義推翻俄國君主。明石元二郎不斷拍著胸脯告訴列寧要有信心，甚至還主動四處籌措資金援助、暗殺俄羅斯帝國內政大臣維亞切斯拉夫，以及遊走在各種革命運動中派人出力幫忙。同時，使用各種計畫離間俄國各團體的信心和實力。這樣一連串的安排與計謀，順利使俄羅斯帝國不只面臨內患危機，對日本的戰役也是兵敗如山倒。

　　這樣優秀的成就和表現，讓明石元二郎深受日軍的重視和愛惜，於是在西元 1907 年（明治 40 年）的時候，將他升

▶ 1904C.E.	▶ 1907C.E.	▶ 1918C.E.	▶ 1919C.E.
對俄國革命政黨金援	升任為陸軍的大將	出任台灣第 7 任總督	擔任首任台灣軍司令官；逝世，下葬台灣

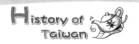

任為陸軍的大將。日俄戰爭結束後他回到了日本，繼續盡力效忠、服務國家。

　　西元 1918 年（大正 7 年），日本給予了他台灣總督的榮耀，讓他管理一整個殖民地，可以說是賦予他極大的統治權。但是明石元二郎是個耿直的人，政府將他派來台灣，他便專注於如何協助國家管理好這塊領地，盡到最大的效益與幫助，就連睡覺都想著要怎麼把台灣建設成可以自給自足、反饋日本本國的地方，作為一個可以幫助日本未來擴大版圖的糧食、資金基地。

　　明石元二郎不但是一名武將，而且他非常具有智慧以及謀略，可說是關羽加諸葛亮的綜合體，他將台灣視為未來南進貿易的關鍵，來台的十個月內就探訪完台灣全島，這是過去幾任總督都做不到的事情。

　　勘察完台灣各地之後，明石元二郎立刻著手進行建設，先是肅清日本軍官裡的制度弊端，以及為台灣人建立公平的三審制度，延長必要教育的年限和設立專職學校，用來提高台灣人的知識程度以及真正發自內心地以身為日本皇民為榮。後來他認為在台灣打拚的日本人當中，最為辛苦的就是日本警察，總是站在第一線面對與民眾的衝突，於是明石元二郎也不斷地提升警察的福利待遇。風風火火把制度面全部大改一遍之後，明石元二郎就像是上緊發條的陀螺，馬不停蹄地繼續趕工。他認為台灣雖然是殖民地，但也必須以愛護本國的心態來照顧，要有永續經營的思想，所以為了避免台灣的森林被濫伐而破壞水土，他立刻頒布了《台灣森林令》；為了提高農民的栽種收益和改善人民的生活水準，他又下令

修建嘉南大圳及創立了台灣電力株式會社，而且在聽完參謀們的報告後，直接大手一拍，准許日月潭的水力發電計畫。

　　就連台灣縱貫線鐵路在運送的過程中容易遇到陡坡，以至於貨物時常延滯，明石元二郎一聽到人們的抱怨和訴求，就立刻下令命人著手修建鐵路。不到一年就完成及推動了許多建設和制度改革，對台灣人民來說，他是真正愛護、傾聽與照顧人民的總督。但天不從人願，在明石元二郎用心發展台灣的未來時，一次嚴重的大型流感降臨，全台灣不分男女老少，全都因為這場流感死傷慘重，而明石元二郎臨危不亂地立刻採取防堵和隔離措施，派許多人員進行研究和照顧病患，終於成功抑制病情。

　　而他對人民用心，卻沒有將一絲的精神用來關心自己的身體，在流感慢慢被控制住的時候，明石元二郎自己卻被感染了。甚至他在病情稍微好轉的時候就認為自己已經康復，沒想到就在回到故鄉福岡的當下，明石元二郎便病情大爆發，再也無法挽回，於西元 1919 年（大正 8 年）病逝。只不過當親友哀戚為他舉辦喪禮的時候，發現了他留下的遺言，於是便將他的遺體運回台灣，葬於台北三板橋日本人公墓（今台北市南京東路與林森北路之交一帶），讓他的遺體與靈魂都能常留在台灣這塊土地上，守護與看著台灣的成長。

如果吾身有任何萬一之事，定要葬於台灣。

重要成就

❶改革官制、三審制度。

❷興建基隆至高雄縱貫道路等，鋪設海線縱貫鐵路。

❸創立台灣電力株式會社，將日月潭水力發電計畫定案。

❹在其任內頒布《台灣教育令》、《台灣森林令》。

❺推動職業教育，並廣設各級職業學校。

❻改善警察的待遇並巡視地方。

伊能嘉矩

1867 ～ 1925

為日本人類學家、民俗學家，一生致力於台灣原住民人類學研究。為了研究台灣，踏遍台灣每一塊角落，被稱為「台史公」，其著作《台灣文化誌》是台灣史研究必讀的典籍。

　　台灣歷史學家楊雲萍曾說：「台灣研究的都市的任一曲巷小路，沒有一處沒有伊能嘉矩的『日影』的映照」，一段話描述了伊能嘉矩用心在台灣所留下的足跡。為了研究，他親自深入尋訪台灣各個角落，後來更寫下關於台灣的觀察著作，所以台灣的學者們視他為台灣歷史研究的金字塔、巨峰，以及奠基者，對於伊能嘉矩在台灣歷史上留下的貢獻，更有別號「台史公」來稱頌呢！

　　西元 1867 年（慶應 3 年），伊能嘉矩出生於日本遠野，那時候的日本文化風氣已經是深受孔子思想、儒家典籍《論語》所影響，不少日本人認定這其中的倫理道德便是做人的

▶ 1867C.E.	▶ 1894C.E.	▶ 1895C.E.	▶ 1897C.E.
伊能嘉矩出生	創辦「人類學講習會」	任職台灣總督府民政局	將台灣原住民分成 8 類

基本道理。而伊能嘉矩從小的時候，就跟在祖父身邊學習，為了奠定伊能嘉矩擁有良好的品德素養，祖父嚴厲地要求他必須熟讀四書五經。西元 1887 年（明治 20 年），伊能嘉矩進入岩手師範學校就讀，沒想到兩年不到，他就跟一夥同學因為鼓動學生運動而被學校退學，這要是讓祖父知道，肯定會引起一場家庭風暴。

　　大概是害怕祖父的責備，伊能嘉矩在同一年便離開了家鄉，跑到東京讀書，並且在這裡遇見了影響他一生的恩師——坪井正五郎，老師教導他以演化主義來觀察人類的進步，所以伊能嘉矩加入了東京人類學會，開始接觸研究人類民俗學，一接觸之後才發現相見恨晚，自己竟然這麼晚才了解到人類學的美好。隔年，伊能嘉矩認識了大自己三歲的鳥居龍藏，哥倆好一對寶，兩個人一聊起研究便沒日沒夜地、相談甚歡。甚至在西元 1894 年（明治 27 年）的時候，共同創辦人類學講習會，一起學習朝鮮語、清國官話、愛努語等不同人類語言來進行研究。

陳余之赤志，訴於先達之君子。

　　伊能嘉矩在學校時就將研究方向訂定為人類學系譜的建構與探明，表明想要到台灣進行人類學研究。西元 1895 年（明治 28 年）的時候，他如願以陸軍僱員的身分抵台，才剛踏上台灣的土地之時，就拉著在總督府裡任職技師，進行植物研

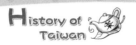
究的田代安定一起成立台灣人類學會，完全貫徹以前在日本成立人類學會的宗旨——「你不會的我教你，我不會的你教我」。

「不同人種有著不同的風俗與習慣」，秉持著老師教導的客觀，針對歷史與現狀的研究，伊能嘉矩開始了在台灣這塊島嶼的大規模冒險。遊歷山水的過程中，遇到許多未接觸外界的原住民部落，伊能嘉矩常常一腳就踏在了生死關頭之上，冒著生病、感染，甚至被獵首擺在部落當紀念的危險，他仍堅持著自己對人類學系譜建構的夢想。就在他環台旅行的過程中，竟然又跟好友鳥居龍藏於蘭嶼相遇，世界這麼大都還能讓他們遇見，那還不一起攜手探索各地。他們倆人相遇之後，便把過去驚險刺激冒險的故事拿來整理，透過地區和生活習慣以及語言的脈絡梳理，首度為原住民的體系提出了 4 群 8 族 11 部的概念，而這 8 族分為：泰雅、阿美、布農、曹、賽夏、排灣、漂馬、平埔，打破過去清政府只有生番與熟番的分別。

　　西元 1898 年（明治 31 年），伊能嘉矩便被派遣去擔任「蕃政研究」的調查員，透過之前的手札筆記，發表了一篇〈台灣土蕃開發狀況〉。伊能嘉矩發表相關著作時，都秉持著坪井正五郎的人類學理論，所以在對原住民的研究與紀錄上，會以科學理論來推論不同部落之間的地區分布，還有習慣、語言的變化，呈現出多變的人類進化史觀，而他強調人類都是透過演化主義而影響行為與語言，為日本政府提出了「教化」原住民的必然性。

　　鑽研了十幾年之後，伊能嘉矩有了新的目標，那就是將這些所見所聞編輯成冊，寫成人類學的文獻，所以他辭去在台灣的職務，回到故鄉遠野之後，專心地開始整理這些資料。除了編寫《台灣文化誌》之外，伊能嘉矩也將過去在岩手縣研究的筆記著作成《岩手縣史》。遺憾的是他在西元 1925 年（大正 14 年），因為過去在台灣所感染的瘧疾復發，不幸病逝。但他麾下的學生們，仍繼承他的遺志，將他這三十幾年來的心血彙整，於西元 1928 年（昭和 3 年）《台灣文化誌》

正式出版了，而這本書揭開了過去從未有人能深入了解的台灣部落面貌。

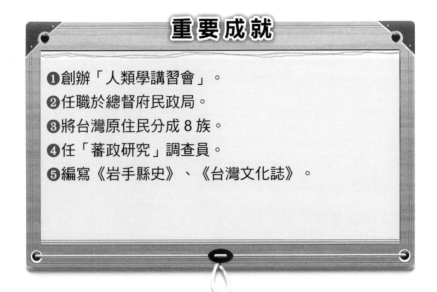

重要成就

❶創辦「人類學講習會」。

❷任職於總督府民政局。

❸將台灣原住民分成 8 族。

❹任「蕃政研究」調查員。

❺編寫《岩手縣史》、《台灣文化誌》。

莫那・魯道

1880 ～ 1930

Mona Rudo，為賽德克族，又稱為毛那老。是台灣原住民賽德克族馬赫坡社和霧社群的頭目，為日治時期重要的抗日運動——「霧社事件」的領導人。

　　台灣導演魏德聖曾以莫那・魯道領導的霧社事件，作為電影題材拍攝了《賽德克巴萊》，電影裡講述的便是賽德克族與日本人的血戰，但究竟是什麼樣的原因，使兩個民族之間產生屠殺彼此的仇恨，而莫那・魯道又是個怎麼樣的人，就讓我們透過故事一起來了解他吧！

　　西元 1880 年（光緒 6 年），莫那・魯道作為馬赫坡社頭目的長子出生，跟隨族人在山林裡過著狩獵、游擊的部落生活，一直到西元 1895 年（光緒 21 年），清廷將台灣交給日本之後，台灣迎來了將近 50 年的日治時期。日本在明治維新之後，全國上下已經成為了一個充滿制度、講求法治，同時

也是具備強大現代武力的狀態。於是在接管台灣後，日本政府的觀念便是認為，台灣今天已成為我國領地了，那麼整個土地上下的人都必須臣服於我日本天皇，所以日本便帶著武力全力鎮壓當時生活於平地，有反抗行動的漢人們。

　　但是過去日本沒有遇過生活在山林裡的部落人民，加上台灣的原住民部落並非全都來自同一個祖先，講的話也都不一樣，讓日本人很是頭痛。也就是因為原住民都生活在山林裡，若是無人來犯，也不會主動攻擊。因此在西元 1895 年到 1906 年這段時間，日本政府都是對原住民採取懷柔政策，在部落的附近設置撫墾署，用柔性的態度和原住民交流，但同時又設立隘勇，把原住民們規範在山區，不讓他們隨意下山，之後又成立「蕃童教育所」，用來感化與教育原住民。

　　而這個過程中，日本政府還採取了另一種政策，好聽點說是招待原住民首領到日本旅遊一趟、吃好住好，但其實就是把這些頭目們抓去，給他們看炮彈、看武器，要他們安分管好自己的族人，不要隨意惹事。不然在強力的武力之下，絕對是會死無葬身之地。而莫那‧魯道就是其中一位被招待的頭目，他曾受到台灣總督府的招待，前去參訪東京、京都與名古屋各個日本大城市，專門到兵工廠、軍校、軍隊等地方一日遊。

　　政府的目的就是要原住民了解到日本軍隊的強大，而這趟行程的確讓莫那‧魯道留下了深刻的印象，他心裡非常明

白日軍的武裝力量不是部落人民可以抵抗的，若是不配合，可能全部族人的生命都會受到威脅，所以當莫那·魯道返回台灣的時候，對於日本官吏一些苛刻的行為都忍耐著，也要求族人們要盡量配合政府的施政，甚至在後來還幫助日軍攻擊其他不服政策安排的部落。

在此之後日本政府之所以轉變原住民政策，取消懷柔策略改以武力威脅壓迫，是因為後來擔任台灣總督的佐久間左馬太攻打牡丹社的整體戰績報告不理想，讓他從此對原住民懷恨在心，以至於一當上台灣總督後就下令軍隊上山鎮壓安靜過著自己生活的原住民們。一次大規模的武力掃蕩後，日本政府信奉「先抽一鞭子，再給一包糖」的教育方式，重新使用了懷柔政策。

這整個過程中，因為莫那·魯道的配合，所以霧社並沒有受到太多的死傷，甚至在當時被列為模範部落，是帶頭親近日本政府的原住民族群，又稱為「味方蕃」。在西元 1920

年的時候，還配合日軍的徵召，帶領族群武力攻打泰雅族。但是這樣一個聽話配合的部落，為何後來會變成抗日運動的領導，成為慘烈戰事下的犧牲呢？

歷史文獻記載了兩大原因，其一是山地的資源受到侵犯，許多日本官兵會藉著職務之便，對原住民進行剝削和欺騙，造成大家在心裡隱忍許久；另一個原因就是日本人對原住民女子始亂終棄。在懷柔政策的期間，政府為了讓日本警察安心駐守山地，以及慢慢同化部落民族，便鼓勵這些軍官們與原住民頭目的女兒們通婚。只不過一直以來，這些來台灣工作的日本人，都認為自己和台灣島上人民階級不同，而這些日本男人，很多人其實在日本原本就有元配，所以來台灣娶原住民女子，就只當作招了一名女傭來家裡，成為可以任意使喚和欺凌的對象，更惡劣一點的就帶回日本賣掉或者推去賣身。

而莫那‧魯道的妹妹就是其中一個受害案例，她配合政策嫁給了日本警察近藤儀三郎，但是沒多久就被拋棄。近藤儀三郎只對莫那‧魯道說是失蹤，但也從未派人積極去尋找過。對部落的人來說，不管是多尊貴的女性身分，只要嫁作人婦，要是慘遭拋棄，就只能成為部落裡的邊緣人。而諸如此類的事件一直不斷地發生，再加上個個都是頭目領袖的寶貝。可說是日本政府自己自作孽，種下了這個仇恨的種子。

西元 1930 年（昭和 5 年），霧社事件的導火線源自一場在馬赫坡舉行的婚禮，莫那‧魯道的長子——塔達歐‧莫那，想要招呼日警——吉村克己喝酒，但是因為當時塔達歐進行儀式的關係，手上充滿野獸的血，所以吉村拍開塔達歐的手，

還罵對方不乾淨,兩人大打一架。而莫那‧魯道知道之後,深知吉村會利用這一點小題大作,所以就帶著兒子前去賠禮道歉,沒想到吉村不領情,還指著兩人怒斥,並要向上頭告狀,這使原住民長久以來累積的憤怒終於爆發了。

　　過去密謀抗日的族群青年紛紛跑了出來,懇求莫那‧魯道擔任領袖,率領大家一起進行這場抗爭。在所有壓抑的情緒與怨氣爆發出來之後,莫那‧魯道答應了這件事,並連同其他六個部落,準備密謀對日本人的戰爭。西元 1930 年 10 月 27 日這一天,原先是一場為了紀念日本能久親王而舉行的神社祭,當天日本人舉辦了一場秋季聯合運動會。待約定的時間一到,莫那‧魯道率領眾人襲擊霧社的警察駐在所,搶到了日本警察的武器彈藥,接著襲擊學校、郵局,還有日本人的官舍。為了不讓日本人求救,還把通訊的電話線切斷,下令只要是看到日本人就通通殺掉,總共砍殺日本人 136 名,又殺傷了 215 人,不分男女或老弱婦孺。

　　這樣大陣仗的屠殺事件傳到總督府之後,讓日本政府相當震驚,立刻下令反擊屠殺。只不過已在戰爭中失去先機,

莫那‧魯道帶著眾人躲到險峻的山地裡，戰事打了十天還是無法結束，加上日本軍隊傷亡慘重，於是日本便違反國際公約，向莫那他們藏匿的山林裡空投「糜爛性毒氣彈」，對於這樣化學性的武器攻擊，原住民們當然是無力抵抗，莫那‧魯道見大勢已去，等妻子帶著小孩上吊自盡後，便一個人走進了山林深處，飲彈自殺，其餘不肯接受招降的戰士們，也全都上吊自盡。參與事件的部落共有 1236 名賽德克族，死去幾百位同胞，用血淚寫下了這政策、民族衝突的悲歌。

《賽德克巴萊——史實全紀錄》

出版社：典藏閣
作者：王擎天

重要成就

❶發動霧社事件。

矢內原忠雄

1893 ～ 1961

日本愛媛縣人，為經濟學和殖民政策學者，曾任東京大學校長，關切政府對殖民地的剝削和壓迫。曾來台灣考察之後，發表《在台灣的政治自由》，批評日本的殖民政策錯誤，且缺乏言論自由的機關。

　　在東京帝大的演講中，他在台上大喊：「為了要活出日本的理想，請先把這個國家埋葬掉吧！」他是矢內原忠雄，身為日本國民的一員，他並不完全認同國家的政策和作法，選擇成為一個苦口婆心的教育者，不斷提醒國家要改進做錯的地方。而在日本殖民台灣後，矢內原忠雄曾私下來到台灣進行探查工作，沒想到卻見到了在台灣實施的各項政策與奴役人民的情形，這使他特別痛心，回日本之後連續發表多篇文章，呼籲所有日本的國民一同譴責這樣不公平的對待，堅持合理的正義與自由和平。對這樣一位充滿熱情、激昂的教育者，讓人忍不住想趕快翻開他的故事呢！

大事記

▶ **1893C.E.**
矢內原忠雄出生

▶ **1920C.E.**
任東京帝大經濟部助教授

▶ **1926C.E.**
寫文章批評台灣總督府

▶ **1927C.E.**
發表〈在台灣的政治自由〉

　　西元 1893 年（明治 26 年），矢內原忠雄出生在日本的四國地區，爸爸曾到京都學習近代西方醫學，後來成為故鄉上第一位西醫。有了爸爸的努力，矢內原忠雄出生的時候，家境算是十分富裕，也因此矢內原忠雄的成長，可以一心都專注在學業之上，於西元 1910 年（明治 43 年）時，他順利考上日本第一高等學校——東京帝國大學，在那裡遇見了一位忘年之交、一位改變了他一生的朋友——內村鑑三。內村鑑三是位基督徒傳教士，以教育者為志向，所以時常會找朋友來到家中一起分享聖經，而矢內原忠雄也是在這個時候，受了對方的影響成為基督徒，其中一段以色列先知為了避免國家亡國而奔走的故事，讓他在心中埋下日後為人類的自由和平，努力爭取的鬥志。

　　原本在畢業之後，矢內原忠雄是計畫到朝鮮傳教，但是碰上祖母年邁、弟妹需要人照顧，於是他選擇留在日本就職。但是人雖然留在日本，但是他的心思和靈魂早就飄洋過海到那些殖民地之上。當時朝鮮和台灣都是日本的殖民地，矢內原忠雄一直都很關心這兩個地方的新聞與動態，還曾在閱讀和收集到一些不平等政策實施的資訊後，他氣到寫一篇文章〈兩百萬市民與四百萬島民〉，將當時的台灣總督痛罵一頓，完全不怕得罪權勢，甚至故意選擇於總督伊澤多喜男回日本轉任東京市長的時候發表，讓伊澤多喜男在上任的時候只能僵著臉面對質疑的聲浪。

▶ **1937C.E.**
發表〈國家的理想〉、辭去教授職位

▶ **1948C.E.**
當選東京大學經濟學部部長

▶ **1951C.E.**
任東京大學校長

▶ **1961C.E.**
矢內原忠雄逝世

正巧於西元 1927 年（昭和 2 年）的時候，蔡培火與林呈祿兩位台灣議會設置請願運動的領導人造訪日本，身為台灣總督眼中的頭痛分子，自然不可能是被榮耀邀請而來。而矢內原忠雄關心台灣人民的生活情況，加上雙方也有部分對於公平自由的理念是相同的，所以他就像叛逆的孩子，爸媽說不可以，依然執意與兩人聯繫，也因為這層關係，讓他在同一年的時候，有機會造訪台灣，私下調查台灣殖民的真正情況。

不知專政政治為何物的人，應該要去台灣看看！

等矢內原忠雄真正踏上台灣之後，他才知道過去生活在日本本國的自己有多麼天真，歷來多位日本總督對台灣執行的殖民政策皆是封閉、壓迫，但是傳回日本卻都是些輕描淡寫的隻字片語，他實際參訪台灣的工廠、農場、學校和原住民的社區等地，親眼看見了日本警察對待台灣人民的苛刻與自視甚高的態度。這種種的情形對他這位胸懷大愛、內心有著神愛世人、萬人皆平等思想的基督徒來說，萬萬不能接受。所以當他回到日本之後，便忍不住振筆疾書，要將滿腔的憤慨和怒火透過文字來發洩，同一年的時間裡，他便將文章發表至《帝國大學報》上，痛訴台灣總督的蠻橫與專制。

在連續發表了一些激進的言論和批判之後，矢內原忠雄當然會被國家列為監控分子，給予警告。只不過矢內原忠雄絲毫不加理會，竟然選在西元 1937 年（昭和 12 年；民國 26 年）盧溝橋事變之後，火上加油地又發表了〈國家的理想〉，他表示：「國家的理想是正義與和平，而非用戰爭的方法來

欺壓弱者，強者欺壓弱者的手段就是暴力。偉大的國家必須堅持理想，無法堅持理想的國家，即使看起來非常強大，實際上是跟亡國沒有兩樣。」同時又在公開的場合裡表示道：「日本的戰敗是真理的勝利，由此證明世界中迎合權力或潮流的學說必定是錯誤的，這是此次戰爭給人類社會最大的教訓。」

　　而矢內原忠雄似乎是將生命的每一天當作最後一天，完全不顧慮這些舉動是否會對生命帶來威脅。在同一年的12月，發生了南京大屠殺事件，他直接在演講的舞台上說道：「為了要活出日本的理想，請先把這個國家埋葬掉吧！」這

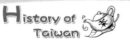

樣的指責無疑讓日本政府再也忍無可忍，同時將矢內原忠雄視為有反動思想，一些右派的日本軍閥與政府高層，透過各方施加壓力給學校，直接革去了他東京大學教授的職務，限制他所有批判文章的流動方向。

被迫賦閒的矢內原忠雄並沒有因此就退縮，如果不能在學校教書，那他就寫書，在他能力所及的地方繼續著他的理念教育。

在當時能夠勇於抵抗權力、堅守自己的志向和思想，是件很難得的事情，於是不少日本人漸漸地被感染與認同。而於西元 1945 年（昭和 20 年；民國 34 年）日本戰敗投降後，政府為了建立新民主國家的教育，重新邀請矢內原忠雄回東京大學任教。他也在後來陸續擔任了社會科學研究所所長、經濟學部部長、教養學部部長、東京大學校長。

矢內原忠雄在他的教育生涯中曾說過：「理想雖然是無形的，卻不是無力的。現實雖然可以歪曲理想，卻不能消滅理想。」、「不義必招來神的審判！」

雖然矢內原忠雄並非在台灣實際付出或做出貢獻的人，但卻是為台灣進行更大的抗爭與請願，他一生最重要的著作《帝國主義下的台灣》，當時更被台灣總督府列為禁書。在他的生涯中多次為台灣叫屈、爭取公平對待的訴求在全日本的報紙上不斷地刊登著，在書局裡出版著。

這樣的作為，讓日本歷史學家——家永三郎讚譽他為「日本人的良心」，也因為矢內原忠雄一生為日本的政治公共事務有巨大的貢獻，獲頒正三位勳一等瑞寶章。

重要成就

❶ 發表〈在台灣的政治自由〉、《帝國主義下的台灣》、〈國家的理想〉、〈兩百萬市民與四百萬島民〉。

❷ 任東京大學社會科學研究所首任所長、經濟學部部長、教養學部首任部長、東京大學校長。

❸ 獲得名譽教授稱號。

❹ 成為學士院會員。

杜聰明

1893 ～ 1986

字思牧，台北三芝人。他是日治時期京都帝國大學的醫學博士，更是當時台灣醫學校唯一的台灣人教授，及高雄醫學院的創辦人。致力研究蛇毒、鴉片等，奠定台灣藥理學基礎，被稱為「台灣醫學之父」。

「高醫的學生們時常在走廊走過來走過去，不知不覺中受感化，將來一定個個都做學德兼備好醫生，來為病人服務。」這是杜聰明醫師的願景，也是他為台灣醫學史上留下的偉大貢獻與努力。就讓我們一起翻開歷史的扉頁，來認識這位帶有堅定意志的台灣醫學之父。

樂學至上 / 研究第一。

西元 1893 年（光緒 19 年），杜聰明出生於台北府淡水縣的新莊仔莊，成長在一個平凡又溫馨的茶農家庭當中。在他 9 歲左右，離開熟悉的農務生活，跟著同年的孩子們，第

▶ 1893C.E.	▶ 1903C.E.	▶ 1915C.E.	▶ 1922C.E.
杜聰明出生	進入滬尾公學校就讀	京都帝國大學就讀	成為台灣第一位博士

一次來到了北新庄車埕的書房。在那裡，他開始接觸到知識。這一接觸之下，杜聰明就像是突然醍醐灌頂，開啟了讀書的潛能。家人看出杜聰明的唸書天賦，所以便將他送去淡水日本公學校裡，讓他有更多學習知識的機會。

　　來到公學校裡的杜聰明，在課業學習上如魚得水，甚至是以全校第一名的成績畢業，並且一路過關斬將往上唸，最後拿下了台北總督府醫學校入學考試的第一名。只不過，擁有優秀天賦的人總是會招來一些妒忌的目光，杜聰明亮麗的成績表現，並沒有因此在醫學校裡一帆風順。當時的醫學校裡收的學生幾乎還是以日本人為主，對這些自視甚高的天之驕子而言，有天突然來了一個鄉下的台灣小孩，還是以入學考試第一名的身分，不禁讓一票日本人跌破眼鏡並且議論紛紛，這樣的氛圍導致當杜聰明出現在學校的日籍主管面前時，便被以體型太過瘦小，根本不可能通過學校的體育課程等原因，要把杜聰明淘汰掉。

　　好在神明有保佑！若是這不公不義的結果真的發生，我們也不會有現在的醫學之父了。當時的代理校長——長野純藏，認為杜聰明既然能夠考上學校榜首，卻因為這些理由不能入學就讀，是件可惜又不合理的事情，所以獨自擋下其他人的反對，保下了他的就學資格。雖然杜聰明順利就讀，但是學校的師長們依舊給予他不平等的待遇，只允許杜聰明採取試讀的方式進入學校，一旦在成績或課程上出現不通過的

情況，就將人退學。

　　這樣的安排，更激起了杜聰明強烈的鬥志，既然學校以體能條件作為阻止他入學的理由，那麼一定要讓那些人啞口無言，所以他下定決心除了唸書的成績要維持以外，還要追上日本同學們的體力和身形，天天自發性地游泳訓練、洗冷水澡、練習書法等等，讓自己過著規律的生活，養成一個健康的身體和擁有堅毅的精神。這樣的習慣到他年老後都沒有改變，也有人說這是杜聰明之所以這麼長壽的原因。

　　杜聰明的不服輸，讓他年年是醫學校裡的第一名，畢業的時候，總成績毫無懸念地奪下學校第一名，成為許多台灣學生的學習榜樣。他在課業上的優異表現，終於得到醫學校的承認與肯定，決定破例雇用杜聰明為研究所的僱員，邀請他參與細菌學的研究計畫。而杜聰明長期以來的優秀能力，也讓他得到醫學院的校長——堀內次雄的推薦，得以前往日本的京都帝國大學，進修藥理學的課程，受當時最出名的藥理學專家——森島庫太教授指導。

　　西元 1922 年（大正 11 年），杜聰明獲得了博士學位，成為台灣第一位博士。消息一出，台灣上下的人民都為他感動、鞭炮天天從巷口放到巷尾。

　　回國後，杜聰明受聘為總督府醫學校的藥理學教授，擁有資源之後，他開始以自身能力去解決社會問題。由於他觀察到當時的台灣充斥著鴉片帶來的影響，許多混亂都是吸食鴉片成癮者引來的偷竊、掠奪，或者精神錯亂、交叉感染等等造成社會不安的問題。因此，杜聰明開始著手研究蛇毒、鴉片、嗎啡、中藥等藥學，想要找出一個有效的鴉片戒斷治療法。而日治時期的鴉片問題，起源於清朝傳入的習慣，後來日本殖民政府發現鴉片龐大的利潤，所以就光明正大地以官方的名義，設置鴉片專賣局販賣鴉片，甚至將鴉片當成是控制台灣人的手段。

　　一直到後來進步的思潮崛起，愈來愈多台灣學子接觸到當時世界盛行的各種觀念，讓台灣的知識分子們意識到自身擔負著改變台灣社會的使命。就如蔣渭水曾帶頭寫信向日本政府抗議，甚至舉辦巡迴演講解釋鴉片的危害。另外，當時醫學界也不斷提出鴉片可以提煉嗎啡，應將鴉片作為醫療用。

種種建議與抗議紛紛湧入總督府，由於當時正瀕臨二戰時期，需要大量的藥用嗎啡，這才讓總督府幾經考慮後，作廢鴉片的生意，另外建立了「台北更生院」。

為了確認鴉片癮患者是否治癒，杜聰明發明了尿液檢查法，透過鴉片在尿液裡殘留的濃度，辨別患者對鴉片的依賴性與代謝程度。這項獨創的發明至今仍是許多禁藥檢驗的基準，說是創立的先祖也不為過，被視為醫學上的台灣之光。而杜聰明採取的治療方式並不激烈，他發現從蛇毒中提煉的神經毒素，可以做為麻痺用的鎮定劑，同時又不會帶來上癮的症狀，讓患者可以漸漸降低對鴉片的渴望。

而後，由於二戰日本戰敗後退出台灣，杜聰明成為唯一的台灣人教授，於是便被任命為台大醫學院的院長，帶領一票年輕的學子們在戰後的殘局中重新出發。杜聰明一直以來都對本土醫學有著遠大的抱負和熱情，想要將身上所有的知識傳授給台灣的學子們，以及終結當時許多偏遠地區沒有醫生的窘況。於是在將台大醫學院打理好後，他便揮揮衣袖，帶著一身的醫學知識，隻身來到高雄，成立高雄醫學院。他相信就算不靠政府的力量，也能為南部地區的醫學教育，帶來正向的改變。

欲為人醫者，必先為人也。

他親自帶著學生們學習藥理，課後師生一起去西子灣游泳。杜聰明強調想要讀好書，要先擁有強健的體魄與意志；另外，他也特別重視外語教育，規定學生除英文外還必須修習拉丁文、德文、法文等第二外語，希望讓學生將來從事研

究時，都能擁有閱讀原文文獻的能力。在學院裡，杜聰明事必躬親地把處事準則教給了學生們，希望這些孩子們可以成為之後台灣的支柱。至今在高醫說起杜聰明，不少人仍是對這位溫暖又熱情的醫學之父充滿懷念呢！

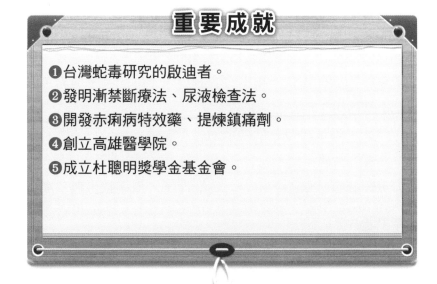

重要成就

❶台灣蛇毒研究的啟迪者。
❷發明漸禁斷療法、尿液檢查法。
❸開發赤痢病特效藥、提煉鎮痛劑。
❹創立高雄醫學院。
❺成立杜聰明獎學金基金會。

楊逵

1906 ～ 1985

本名楊貴，因仰慕《水滸傳》裡的李逵，取名為楊逵。日治時期台灣文學代表作家之一，同時也是社會運動者，戰後仍致力以文學表達底層人民的心聲，因而被捕入獄，在獄中持續寫下多部知名作品。

西元 1906 年（明治 39 年），楊逵出生在台南，他成長於一個家境貧寒的工人家庭，是當時社會的底層百姓。在他九歲那年，楊逵經歷了一次影響他人生道路的歷史大事。西元 1915 年（大正 4 年），發生西來庵事件，那時日本軍的軍車就直接從他家門前經過，而且一遇到健壯男性，就直接拖上軍車後面擔任軍伕，根本沒有開口說不的權利，他的親哥哥就這樣活生生地從眼前被帶走。

爾後，哥哥跟他分享日軍的殘忍事蹟，像是只要問到與事件有關的台灣人就交給警察。若是說不知道或不肯回答的，就蒙上眼睛直接砍頭、推到大坑裡埋了，根本就毫無公理可

▶ 1906C.E.	▶ 1927C.E.	▶ 1934C.E.	▶ 1947C.E.
楊逵出生	參加農民運動	〈送報伕〉入選東京文學評論	二二八事件被捕、判死刑

言，而日人這些暴戾的作為，在年幼的楊逵心裡埋下了一顆憤慨不平的種子。

　　因為年紀小，所以沒有被帶走的楊逵繼續努力求學，升上了中學，此階段是他大量接觸文學的時期，像是雨果的《悲慘世界》等作品，許多描寫社會黑暗、底層人民努力向上反抗的故事，讓楊逵深受感動及熱血沸騰，可以說是表達了他對現實社會的心聲。

　　直到有一天他翻到了一本台灣歷史書，發現是日本人的著作，裡面十句有九句都在說台灣人是土匪、未受教化的原始人，種種醜化台灣人的語句，甚至是扭曲跟抹黑歷史，使他受到了巨大的衝擊。憤怒瞬間燒斷了楊逵的理智，他認為日本人不僅在社會實行殘忍的恐怖統治，就連在文學、歷史方面都採取這種洗腦與扭曲的編造手段，這讓楊逵在心裡立下了改革的目標。

　　於是在西元 1924 年（大正 13 年），楊逵帶著身上僅有的錢財遠渡日本，往文學之路上深造，在日本打著各種零工，勤儉就學。楊逵有許多故事靈感，都源自於這個時期，透過他雙眼實在看見的百姓生活。在他赴日求學沒多久，由於馬克思主義的盛行，台灣爆發了更多抗爭事件，而剛好在農民組合裡有位叫做簡吉的人，不斷在日本說服與邀情留日的台灣人，一起返台加入一場因為日本政府不合理剝削，所以發動的農民運動，表達的意思就是準備以實際行動對抗日本政

▶ 1948C.E.	▶ 1951C.E.	▶ 1976C.E.	▶ 1985C.E.
起草「和平宣言」	在綠島服刑	課文收錄〈壓不扁的玫瑰〉	楊逵逝世

府的暴行。

　　要鼓動眾人參與行動，肯定要帶頭喊口號，在一片慷慨激昂之下，楊逵當然也深受影響，於是文章小說還沒寫就包袱一背，毅然決然返台配合組織做演講、招募農民們一起加入抗爭。在這個期間，楊逵遇到了心靈相通的真愛——葉陶女士，兩人情投意合。就在婚禮上正要說我願意的時候，日警破門而入，直接手銬一上，兩個人都被抓去關了。而連同這次一起算的話，楊逵本人已經被捕九次，所以他對著夫人開玩笑說：「就當作政府出錢，讓我們倆去蜜月旅行吧。」

　　出獄之後沒多久，遇上了西元 1931 年（昭和 6 年；民國 20 年）的九一八事件，所有的運動和抗爭都在戰事之下崩潰、沉寂。也是在這個時候，楊逵認識了賴和，介紹他認識大量的台灣文學作品，讓他深刻地感受到文學運動、思想上的變化才能影響人民改變，知識才是改革的力量，使他又重拾了過去想要透過文學改革的想法，一種我打不贏你，也要用筆寫死你的概念。

　　西元 1932 年（昭和 7 年），楊逵刊載了第一部作品〈送報伕〉，綻放了炫目的光彩，是日本東京文學評論的入選作品之一，成為第一位入選的台灣文學家。

　　自從肯定文學改革之路是自己的志業之後，楊逵陸陸續續又發表了其他的小說，皆是在描述日本殖民所造成的苦難，人民行屍走肉、恐懼擔心的生活，窮苦人家得不到溫飽而痛苦死去的故事。雖然是黑暗又充滿壓抑的小說故事，但是楊逵的作品中從來沒有讓人喪氣的感覺，他總會在故事的結局中安排著能夠奮起向上、凡事都有轉捩點的希望，持續透過一本又一本小說主人公的堅毅，來抵抗這社會的不公不義。

　　1945 年（民國 34 年）日本戰敗，中華民國政府接收台灣，全台民眾歡欣鼓舞地慶祝，沒想到迎來的卻是另一個不合理的統治。感受到社會仍未得到真正的解放，楊逵重新學習中文繼續透過文學的發表來抗爭。所以當二二八事件發生的時候，時常發表意見的楊逵就被政府視為頭號目標，和老婆——葉陶，兩人一同被懸賞通緝。被逮捕關了一陣子之後出獄，楊逵思覺外省與本省人的衝突持續下去並不是辦法，於是與友人商議起草《和平宣言》，結果字還沒寫完就被政府發現，講義氣的楊逵一肩扛起所有責任，1948 年（民國 37 年）被判處 12 年的刑期，又再度入監服刑。

　　一向大膽無畏的楊逵更說出了樂觀的發言：「我領過世上最高的稿費，我只寫了一篇數百字的文章，就可吃十餘年免費的飯。」這次的入獄比過去都來得久，從 1951 年（民國 40 年）到綠島服刑，一關就關了 10 年的時間，而在監牢裡楊逵未荒廢他的志業，他仍舊孜孜不倦地用中文寫下另一篇著作〈壓不扁的玫瑰〉，描述就算是被石頭壓住的玫瑰，仍舊會想辦法生存並綻放出美麗的花朵。

　　出獄後，他買下了台中大度山的一塊地作為和老婆兩人

養老的地方，相同的是他仍然繼續透過文學表達社會不公的地方，在這裡寫下他一生為台灣拚鬥的故事。

編輯問我有沒有繼續寫詩，我說有，天天在寫，不過現在是用鋤頭寫在大地上。

這是楊逵晚年說過的一句話，表現了他對台灣這塊土地的熱愛、關切。楊逵一生的作品描寫了許多被壓抑的青春、不民主的社會待遇和殖民的殘忍與恐怖，後來更為了所謂的希望而踏上抗爭的道路，用生命來換取革命成功的夢想。

重要成就

❶代表著作〈送報伕〉、〈鵝媽媽出嫁〉、〈壓不扁的玫瑰〉等。

❷入學東京文學評論。

❸擔任《台灣文藝》的日文編輯。

❹創辦了《台灣新文學》。

❺擔任《美麗島》雜誌社務委員。

❻獲吳三連文藝獎和台美基金會人文科學獎。

陳進

1907 ～ 1998

又名陳進子。為日治、戰後時期著名的女性畫家，也是台灣女子學畫的第一人，甚至是第一位入選日本帝展的台灣女畫家。出身士紳世家的緣故，故後世稱她為「閨秀畫家的代表性人物」。

　　傳統社會總認為學習、唸書、出人頭地是男人的事情；女人能夠嫁人、照顧老公、生小孩，就是值得讚許的成就了。而陳進卻能夠突破如此的環境束縛，綻放光芒，甚至成為一代女畫家的傳奇。這其中必然有著曲折，現在一起來了解陳進到底是怎麼做到的吧！

天賦和耐力都能把握的人，任何一條路都會走得好。

　　一代台灣女畫家，淡淡地說出了自己能夠在繪畫這條路上得到如此成就的原因。西元 1907 年（明治 40 年），陳進出生在新竹香山庄，父親陳雲如是位事業有成的企業家，除

▶ 1907C.E.	▶ 1922C.E.	▶ 1925C.E.
陳進出生	進入台北第三高等女校	考取東京女子美術學校

了賺錢之外，不免也有些文人雅士的喜好，平時最喜歡的就是收藏字帖書畫。人們常說家庭教育就是養育英才最根本的地方，陳進從小就在如此的環境薰陶下成長，讓她逐漸培養出對字畫獨特又細膩的見解。

　　清治時期的台灣社會風氣深受傳統男權至上、「女子無才便是德」觀念的影響，而日本統治台灣之後，日本人為了實行殖民政策，和想要保障下一代的強壯卓越，希望掃除以往的舊慣，所以在西元 1915 年（大正 4 年）的時候，明文規定禁止所有女性纏足，同時也鼓勵女性唸書、學習，為社會帶來貢獻。

　　在官方的提倡及爸爸的經濟支援之下，讓陳進能夠順利地一路唸書，並進入台北第三高等女學校（現今的中山女中）就讀。一開始，陳進是為了不辜負難能可貴的讀書機會，以及自己本身對學習的興趣，所以只專注在學科之上。直到某天她在美術科目的作品，吸引了當時的日本老師——鄉原古統。鄉原老師發現陳進擁有極佳的繪畫天分，於是在她即將畢業之際，前往陳進的家裡拜訪並遊說道：「這孩子若是努力發展繪畫的才能，未來將是無可限量，希望能夠讓她前往日本繼續唸書。」

　　突如其來的消息也把陳進嚇了一跳，她從來沒想過自己還能夠到日本唸書，加上台灣當時的環境，在十八、十九歲就該是結婚的時候，若是繼續唸書肯定不可能嫁人，超過

二十幾歲還未婚嫁，立刻就會被歸類成與世俗不符的群體，引來流言蜚語。她擔心若是自己繼續念書，如此一來會為家裡帶來不好的影響，所以陳進只是安靜地不發一言，等待著父母的回應。讓她意外的是，父親很快地就答應了，而且對她說：「很好啊！唸書是件好事，就去吧！」

不到十九歲的陳進，就這樣獨自一人前往日本，而她也不負眾人的期望，成功考上東京女子美術學校，跟隨在知名畫家松林桂月、結城素明、伊東深水等人身邊學習。原本就擁有繪畫天賦的陳進，在各家名師的啟迪之下，其繪畫功力更加地突飛猛進，多次拿下學校的排行第一。隨著時間的打磨，陳進開始在畫作界展現光芒，而父親就是她的頭號粉絲。

西元 1927 年（昭和 2 年），台灣舉辦了第一屆「台展（台灣美術展覽會）」，雖然當時陳進仍是學生，但是父親鼓勵她應該參展試試，就算沒有任何結果至少也可以得個經驗。

　　於是陳進就繪製了《姿》、《罌粟》和《朝》等作品參展，沒想到這一參展，讓陳進一鳴驚人，三件作品全部錄取。92 位入選畫家之中，只有三位是台灣人，而陳進還是那唯一的台灣女畫家。她與林玉山、郭雪湖畫家，被稱作是「台展三少年」，揚名全台灣。

　　從那時起，陳進就認定繪畫是自己一生的志業，不只學習更多畫作的技巧，對自己的作品也更加要求。常常是在紙上不斷構圖、打草稿，直到滿意了才正式在絹布上著色，一筆一畫都能感受到她對繪畫的認真與仔細，一旦有哪裡不夠完美，她就會全部重來。這樣的執著和熱情，讓陳進在西元 1934 年（昭和 9 年）的時候，以大姊為模特兒所繪的《合奏》，入選日本第 15 回帝展，她也是第一位入選日本帝展的台灣女畫家。

　　自西元 1927 年開始算起的二十幾年之間，陳進入選台展 10 次、帝展 9 次，連續拿下無鑑查資格，甚至最後奪得了無鑑查畫家的榮譽，擔任畫展的評審。

　　由於當時在日本盛行優美的膠彩畫，而前往日本學習的陳進自然也學習了這項技藝，在學習的過程中，老師們時常勉勵她：「多練習，就會跟日本前輩們一樣好。」這反而激起了她的傲氣，心想：「怎麼可能一樣好，我當然要比日本人更好！」同樣地，從在日本就學開始，陳進一直都沒有忘記過自己的家鄉，在她的作品中，可以看出許多台灣特有的風情，擁有濃濃的台灣色彩。

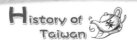

　　即使環境或他人不斷要求她轉變、甚至質疑，陳進也從沒有因為其他誘惑或利益，改變過自己的身分，自傲地回答道：「我就是個台灣人，我要畫台灣的風格。」

　　不理會外人的各種意見，陳進仍堅持自己的創作理念，不管是家人、老人、小孩、鄉土的、百姓的，甚至戰後的變遷，全部都囊括進她的作品之中。陳進自始至終都不受別人的影響，透過優雅又別緻的手法，在自己的作品裡描繪了一個又一個眼中所觀察的世界。

　　陳進就這樣從少女畫成了慈藹的奶奶級前輩，畫下一生中不同人生階段所觀察的社會風情，不變的是畫裡的優雅與溫婉，從未因為時間而有所變質，只有因為歲月而成熟的智慧與慈愛。

　　她的一生是用盡生命在創作，描繪著她心中理想的台灣女性，每一幅畫中的女性都有著溫婉柔美的樣子，舉止嫻雅端莊。雖然柔美卻不柔弱，每一位都有著台灣女性堅毅的特質，眼神中充滿勇敢與堅強。不僅她個人是代表台灣歷史的發展，她的畫作亦是台灣那段舊時光的最佳見證。

重要成就

❶與林玉山、郭雪湖畫家，合稱「台展三少年」。
❷作品《合奏》入選日本第十五回帝國美術展覽會。
❸多次入選台展、九次入選帝展，被稱為南海女天才。
❹被列為推薦級「無鑑查畫家」（免審查的畫家）。

許世賢

1908 ~ 1983

台南人，政治人物及西醫醫師，是台灣第一位女博士、日本第三位女博士，同時也是台灣第一位女市長。素有著「嘉義媽祖婆」之稱，更是嘉義政壇「許家班」的開山始祖，開創了女性從政的先河。

　　犀利的言詞響徹廳堂，從不畏懼權勢的許世賢，驕傲地挺著胸膛堅持自己的意志。就連女兒張博雅在回憶母親的時候也說道：「幾十年來，她身邊總是帶著一個小皮箱，隨時準備入獄。」這樣一個擁有鮮明色彩的女性，從帶著懸壺濟世思想的女醫生，成為了一位對政治、政府直言不諱的省議員、市長，為的就是她那心中更加廣闊的大愛，決心付出一生來為民發言。

國父孫中山的國民黨，不會禁止省議員在議會質詢！

　　西元 1908 年（明治 41 年），許世賢出生在台南一個書

▶ 1908C.E.	▶ 1939C.E.	▶ 1946C.E.	▶ 1954C.E.
許世賢出生	取得醫學博士學位	當選嘉義市參議員及候補制憲國大代表	當選臨時省議員

香世家，她的爸爸曾是清朝的秀才第一名，身懷家國、想要為國獻策的想法或許一直都埋藏在基因裡，許世賢承襲家裡喜愛讀書的風氣，一路唸到了日本東京女子醫專畢業，成為台灣第一位女醫生。得到醫生的執業資格之後，許世賢回到故鄉台南，抱著奉獻一切為民眾服務的精神，先是在台南醫院服務，後來又自己開了泰德醫院、世賢醫院。西元 1933 年（昭和 8 年），她遇到了她的先生——張進通先生，兩人結為連理，許世賢也從這個時候成為了嘉義人，為她後來努力對嘉義市的奉獻種下因子。

　　兩人在西元 1939 年（昭和 14 年）的時候，為了想要更加提升自我，幫助更多人民，於是攜手一起到日本九州帝國大學攻讀博士，因此許世賢和丈夫兩人被戲稱為「鴛鴦博士」。許世賢也成為了台灣第一位女醫學博士，甚至也是日本的第三位女博士，在一片領導階層、知識分子都是男性的環境中，被視為台灣女性出頭天的代表。

▶ **1968C.E.**
當選嘉義市市長

▶ **1972C.E.**
當選增額立法委員

▶ **1982C.E.**
以 74 歲高齡再度當選嘉義市市長

▶ **1983C.E.**
許世賢逝世

　　西元 1941 年（昭和 16 年），兩人回到台灣之後，在嘉義市開設順天堂醫院，自此服務到二次世界大戰之後。而許世賢在醫院裡的付出和表現，使她在戰後被任命為嘉義女中的校長。這項職務的出任，也讓許世賢成為台灣第一位女校長，在校長的任期內，她創辦高中部，積極推動校務，不俗的行政處理與溝通表達的能力，使許世賢備受肯定。

　　後來，在許世賢擔任議員的期間中，因為質詢嘉義縣縣長停職一案，加上不願受黨籍的控制，於是她宣布退出國民黨，從此以無黨無派的身分參與選舉。

　　許世賢強烈批判、敢說敢做、為人民負責的態度，使她在西元 1968 年（民國 57 年）和 1982 年（民國 71 年）的時候，皆高票當選嘉義市市長，成為台灣第一位女市長。在擔任市長的期間，她日夜加班為嘉義市規劃宏偉的遠景，不僅推動全國第一條電纜地下化，中山路的拓寬工程，還修正中正公園、東市場大樓等建築案，建設屬於嘉義市的地標——七彩噴水池。種種政策都是為了嘉義市著想，帶著一種愛屋及烏的心，希望她所居住的嘉義市可以更加美好，如此對於人民有求必應的態度，更被當地的人們譽為「嘉義的媽祖婆」。

　　許世賢用她堅強的意志，開創了女人不同的道路，也是台灣女性的希望之光，她盡心盡力的付出，讓整個嘉義的人民都對她十分崇拜及景仰。嘉義市為了紀念她，有世賢路、世賢國小，甚至連嘉義市歌裡也提到許世賢的名字。

　　她的一生，從行醫救人的小愛，擴大成為國為民的大愛，證明女人的格局，並不如過去傳統所認為的相夫教子，而是凡事皆有希望與可能。

重要成就

❶成為嘉義市市長、嘉義市參議員、台灣省議員、增額立法委員。

❷與李萬居、郭國基、郭雨新、吳三連、李源棧省議員有省議會「五龍一鳳」之美名。

❸推動中山路電路地下化。

❹建設嘉義市七彩噴水池，成為重要地標。

江文也

1910 ～ 1983

本名江文彬，生於台北。他是亞洲首位獲得國際音樂大獎的音樂家，曾代表日本參與柏林奧運的藝術競技獲獎，得獎紀錄唯一的東方人，也是首位在奧運獲得獎牌的台灣人，奠定台灣與中國的現代音樂風貌。

「台北出生、廈門成長、東京出名、北京憧憬、漢奸疑雲、反右被鬥、文革浩劫、曲繫蓬萊」，在《江文也傳：音樂與戰爭的迴旋》一書中的一小段話語卻道盡了江文也一生的滄桑。從出生就處在一個矛盾與混亂的時代，他是台灣人，卻也是日本統治時期的日本殖民子民，而在二戰之後，他又成為一個中國人。江文也的才華名滿國際，卻沒有辦法為他解決身分與歸屬的敏感問題。就讓我們一起看看，他究竟如何在這曲折的一生，譜下輝煌燦爛的成就。

西元 1910 年（明治 43 年），江文也出生於台北大稻埕，在他出生沒多久的時候，全家便遷居廈門。而後因為母親病

▶ 1910C.E.	▶ 1934C.E.	▶ 1938C.E.
江文也出生	《白鷺的幻想》獲日本全國音樂比賽第二名	《鋼琴斷章小品集》國際音樂節獲獎

故，父親一個人無法照顧他，便讓他跟隨大哥轉而居住在日本唸書。如果說要探討後來江文也被針對與懷疑的最大原因，大概就是因為此時期的成長背景因素吧！而且台灣、中國、日本一直以來，有著剪不斷理還亂的關係，加上江文也不只三個地方全跑遍，在領獎的時候又把三個地方的身分都講過一遍，讓自己陷入裡外不是人的狀況。但江文也是在大環境裡的生不由己，雖然他出生在台灣，但是處於在日本統治的時期，江文也的確得說自己是台裔日本人，再加上不管出生環境還是後來前往日本居住與求學，都是使用日語，於是他在創作與比賽的時候，都是用日本的身分做代表。

　　江文也非常喜愛音樂，但是父親為了生活和考量未來的發展，便要求他就讀工業學校，聽話的江文也遵照父親的指示，選擇了武藏高等工業學校就讀。只不過，他為了可以繼續接觸自己喜愛的音樂，便利用剩餘的時間，在東京音樂學校御茶之水分校的夜間部進修，白天唸工業學校的課業，晚上便去選修聲樂與音樂基礎理論等課程。

　　就連畢業之後，順從著家裡的志向，去印刷業工作，他仍持續抽出時間，親自拜日本名音樂家山田耕筰為老師，在名師底下學習聲樂及作曲。沒想到江文也不僅只是喜愛音樂，本身也對此充滿天賦，就在他學習作曲沒多久，哥倫比亞唱片公司正好在招募歌手，江文也在好奇心驅使之下便去應徵，沒想到一鳴驚人，公司看好他的未來便立刻跟他簽約發唱片。

▶ **1945C.E.**
被視為「文化漢奸」，遭逮捕入獄

▶ **1966C.E.**
文化大革命時被批鬥

▶ **1983C.E.**
江文也逝世

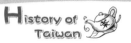

　　一推出唱片，江文也就像小賈斯汀一樣爆紅，受到許多人的喜愛，而「江文也」這個名字也是這時期在唱片公司裡訂下的藝名，從此以江文也的名號在樂壇裡闖蕩。踏上音樂之路的江文也，成了年年得獎的音樂人，只不過也許是台灣身分的原因，每次比賽他都是第二名。但是第一名也沒有頒給其他人，而是選擇了從缺。雖然在比賽的名次中有所限制，但江文也的才華並沒有因此被掩蓋，西元 1934 年（昭和 9 年），偶然的機會下，江文也參加了台灣留學生組成的鄉土訪問音樂團，不知道是不是因為想到了故鄉，江文也靈感湧現，特地為自己的故鄉譜曲，寫下了《白鷺的幻想》，再度拿下了日本全國音樂作曲比賽的第二名。

　　對於只能再次拿下第二名的江文也並不甘心，西元 1936 年（昭和 11 年），他聽聞德國柏林即將舉辦奧運會的國際藝術競賽，他將原本的鋼琴曲《城內之夜》，重新改編為管絃樂的內容，一路披荊斬棘，成功打進了奧運會的藝術競賽，最後在與世界好手的競爭中拿下特別獎，以台灣人的身分揚名在國際舞台之上。他是得獎紀錄唯一的東方人，也是首位

在奧運獲得獎牌的台灣人。對於這樣的榮耀，相較於台灣人民歡聲雷動、上下歡騰，日本國內卻只是低調地列在報紙上的一小角落。在日本努力了這麼久，江文也仍舊被日本視為殖民地的人民，就連得到了這樣的獎項，待在日本也並不受到重視，他灰心之餘也下定決心接受音樂前輩柯政和的邀請，前往中國教書。

到了北京之後，江文也開啟新的創作風格，他使用大量的中國古典元素，結合民俗的優雅之美，前前後後創作了許多音樂作品，還將中國祭孔古樂改編為管弦樂曲《孔廟大晟樂章》。

在二戰之後，江文也再也不是日本人的身分，他開心地將手抄的《孔廟大晟樂章》獻給政府，想要作為慶賀抗戰勝利的禮物，結果因為這首曲子曾作為日本配樂，以及他曾在被政府視為親日組織的「華北新民會」工作，立刻被以漢奸名義逮捕，一頭霧水的江文也連申辯的機會都沒有，直接被送進了監獄。

出獄之後，他認識了一位天主教神父——雷永明，神父在江文也最喪志低潮的時候，給予他正面的鼓勵和開導，重新讓他感受到希望，於是他後期的創作便以此為靈感，寫下許多天主教聖歌。

只不過江文也的災難還沒有結束，在西元 1949 年，國共內戰後，國民黨退守台灣，而身為台灣人的江文也本來也想隨著國軍回台，卻因為曾因「漢奸」的事由入獄，所以被迫留在中國。被拒絕的江文也只能留下來繼續在學校裡任教和創作，卻沒想到西元 1957 年（民國 46 年）中共發起了「反

右運動」，江文也因為台灣的身分被視為右派分子，所以立刻被政府革職，被剝奪了所有音樂的出版權與收入。失去工作的他退居家中，為了生活只好把自己最愛的鋼琴賣掉。殊不知屋漏偏逢連夜雨，西元 1966 年（民國 55 年）文化大革命期間，曾身為音樂創作家的他，因遭批鬥而被下令進行勞改，一代音樂才子淪為掃廁所的工友，階級的最下層，所有樂譜手稿、音樂珍藏也全部被燒毀。

這樣的生活一直到西元 1978 年（民國 67 年）獲得了平反，一些海外的台灣藝術家，想要重新找回屬於台灣的榮耀，輾轉之下才找到了江文也，為他發聲。解除他勞改的身分與待遇。

十幾年的勞改生活，就連他的親生女兒都不知道，原來一直以來只負責掃廁所的父親，竟然是國際上被視為傳奇的音樂先驅。

晚年身上一堆病痛的江文也，雖然癱瘓在床、奄奄一息，卻從沒有忘記小時候，母親唱給他聽的台灣山歌，不管生活多困難，仍堅持著寫下他人生的最後一曲——《阿里山的歌

聲》，江文也的一生幾經波折，但他從來沒有忘記過，自己
出生於台灣、有著屬於台灣土地的血液。

重要成就

❶《白鷺的幻想》獲得日本全國第三屆音樂比賽作曲
組第二名。

❷《台灣舞曲》在第 11 屆夏季奧林匹克運動會的文
藝競賽中，獲得音樂類管絃樂作品組佳作獎。

❸《鋼琴斷章小品集》在威尼斯舉行的第四屆國際音
樂節榮獲作曲獎。

李國鼎

1910 ～ 2001

政治兼經濟學家，曾任經濟部及財政部部長，主導多項經濟建設，像是成立加工出口區；修正《科學技術發展方案》，使台灣產業成功轉型與升級，被譽為戰後台灣經濟奇蹟的重要推手。

　　西元 1910 年（清宣統 2 年），李國鼎出生於南京的一個經商家庭。那個時代正好是清末民初之際，整個國家處於各地軍閥勢力割據、政治動盪、社會混亂不安，裡外紛亂不斷的局勢之中。所謂環境造人，這樣的背景讓李國鼎從小就培養出強烈的愛國情懷，盼望著長大後能夠導正這些社會亂象。

　　李國鼎自小就天賦異稟，年紀輕輕就熟讀四書五經，加上數理資質優秀，展現出異於常人的表現，十六歲就考上了國立東南大學數學系，但是後來興趣不符又轉攻物理，這才找到了自己真正喜歡的專業。畢業後就當了老師，可以說是最能跟學生當朋友的老師，因為李國鼎的年紀跟自己的學生

大事記

▶ 1910C.E.
李國鼎出生

▶ 1934C.E.
赴英國劍橋大學攻讀物理

▶ 1937C.E.
中日戰爭，放棄學位返國為國效力

可差不了多少。

　　而在教學期間，李國鼎也沒有放下自己喜愛的研究，他於西元 1934 年（民國 23 年）時，通過考試獲得了中英庚款公費，讓他能夠前往劍橋大學實驗室進行低溫超導的研究。在留英研究科學的期間，李國鼎深受拉塞福學說的影響，認為科學的發展可以幫助國家的進步和成長，以及在物理系中學習到追根究底的精神，也可以拿來應用在生活中的各項事務當中。正當他寫完研究報告，準備在英國皇家學會當中發表的時候，西元 1937 年（民國 26 年）中日抗戰爆發，李國鼎無法不顧國家安危、只專注在個人學業，所以他放棄了科學家的學術地位，返回中國與國家榮辱與共。

　　回國之後，李國鼎認為僅憑他一人的力量，不足以改變局勢，希望培育出更多青出於藍，而更勝於藍的人才報效國家。所以李國鼎建議：「科技的創新，當然要靠人才，而人才的產生必須來自教育」，他擔任防空學校照測總隊修理所所長，遊走在各大城市裡做後勤維修支援，同時專注在教授、培養下一代的科學人才來輔佐國家。

　　一直到二次世界大戰之後，國民黨政府從日本手裡接收台灣，專長在建設與維修的李國鼎便被派遣到台灣，他被任命擔任台灣造船公司協理。李國鼎被派來台灣之後，也經歷台灣產業需要轉型的階段，原本只要拿鋤頭耕地、插秧，餵飽一家老小的農業社會，變成需要走向工廠製造業，提升國

▶ 1948C.E.	▶ 1965C.E.	▶ 2001C.E.
被派遣到台灣	任職經濟部部長	李國鼎逝世

家的建設。而改變，正是社會容易混亂、不安的狀態，西元
1951 年（民國 40 年），政府成立了經濟安定委員會，希望
藉由李國鼎的加入能夠幫助台灣穩定國家建設發展、促進產
業轉型。

　　由於有過在造船廠的經驗，李國鼎深知船運貿易的重要，
為了從農業社會正式轉型至工業，他選擇在高雄設立了加工
出口區，專門畫下一塊區域，是用來封閉管理工業區、同時
有著貿易優惠型態的地方。這樣的舉動，引來了許多保守思
想的抨擊，罵李國鼎想要劃地為王、排除異己，而且是為了
圖利特定人士。雖然被批評、攻擊，李國鼎並不在意外界那
些輿論，他堅持著「成長與穩定平衡發展，正義與自由平衡
發展」，先有了穩定的成長，才能夠有所謂的自由經濟。他
結合在英國留學的經驗，相信這是台灣邁向工業社會必要的
一步，而且政府既然給了他權力，那他就應該在這個位置上
做自己該做的事情。

科技發展是經濟發展的原動力。

　　始終相信科技可以為國家帶來進步的李國鼎，除了設立加工區之外，他也推動銀行的所有文書處理必須電腦化，建置一個有效的管理機制與節省人力成本。而這項改變也引來他人的不滿，因為人們本來就是容易陷於安逸的，以往擅長又拿手的事情做得很習慣，突然又要學習新東西，還要拿來成為標準，當然會遭受許多批評的聲浪。李國鼎推動幾項改革政策都讓許多人有所怨言，卻還能順利推行，主要是因為有幫手的支持，當時的台灣經濟推手還有尹仲容與嚴家淦，他們三人被稱為台灣的財經三傑，在台灣政治界，他們都是說話有份量、位階也很高的身分，所以李國鼎想要做什麼，基本上只要和他們商量、溝通好，大家就得摸摸鼻子聽話。還好時間證明李國鼎的眼光沒錯，加工出口區的確保證了工業的發展與收益，讓台灣的經濟成長力大幅地提高，而銀行電腦化的推動也讓銀行在管理帳務和處理資訊的效率提高。

　　幾項成功的政策推動之後，李國鼎沒有就此停下腳步，他更看準了半導體未來在世界中的角色，率先帶領台灣轉型為科技社會，執行了科技研究的計劃，將心力投資在半導體的研發當中，並同樣為科技規劃出新竹科學研究園區，創立台灣積體電路公司，使台灣在一夕之間，站在了資訊、電子、工業領先世界的地位。而被稱為半導體之父的張忠謀，那時在美國已經是位知名的半導體專家了，並且正在德州儀器公司擔任總裁，幾次交談後，被李國鼎無私為國、放棄科學而轉為奉獻國家的精神所感動，於是便返台協助他一起為台灣

的半導體事業奮鬥。至今回憶起李國鼎，張忠謀仍會說到：
「沒有李國鼎，就沒有台積電。」

　　從李國鼎的生平故事裡可以看到，為了愛國，他毅然決
然地放棄了劍橋大學的學位，在當時他可是成績優異、具備
科學天賦，甚至受到英國皇家學會的肯定，只因為李國鼎是
那樣愛著自己的國家與自己共同生長的鄉土人民，從此走上
了與眾不同的道路。

只要我活著一天，就盡國民的一份義務。

　　身處在高位的李國鼎，並沒有因為自己是大官的身分，
便選擇享受官職的榮華富貴，他反而把這看成是份責任與重
擔，幾次關於國家建設的政策安排，李國鼎一有想法總是直
言不諱，處處是為國為民地著想，台灣就像是他一手灌溉起
的樹木，需要傾注關心與愛護，深怕任何一點錯誤的行為就
會危害到這棵樹木的安危。一直到李國鼎年邁，他都仍奉獻
著自己，擔任總統府的資政與中央研究院的評議員。

　　除了中國傳統五倫之外，李國鼎提出了第六倫指的是：
「人與陌生人的關係，人與自然的關係，人與團體的關係，

在現代社會裡需要建立的關係。」若說「五倫」是小愛的表現，那麼「第六倫」則是一種關愛社會、關愛世界的大愛，而李國鼎則用了一生的時間來說明這項倫理。

生命的意義就是愛，沒有愛的生命是沒有意義的。

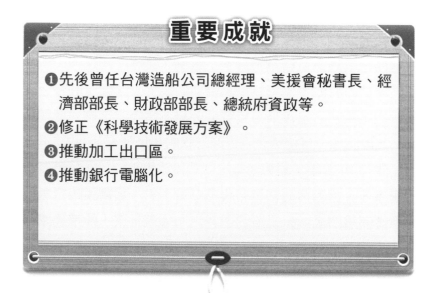

重要成就

❶先後曾任台灣造船公司總經理、美援會秘書長、經濟部部長、財政部部長、總統府資政等。

❷修正《科學技術發展方案》。

❸推動加工出口區。

❹推動銀行電腦化。

黃俊雄

1933 ～

出身於雲林縣虎尾鎮，是黃海岱的次子。繼承父業，19 歲組成五洲園第三團，將布袋戲《雲州大儒俠》搬上電視螢幕，自創的拍攝技術，為獨樹一格的節目製作系統。其榮獲金鐘獎終身成就獎和獲頒人間國寶。

　　提起布袋戲，過去的人們最先想到的就是大師黃海岱，那時候全台灣幾乎沒有人不知道他的名號。黃海岱一手創立的「五洲園」，在布袋戲劇壇的龍頭地位始終無人可左右，而他的兒子——黃俊雄，接下了這個布袋戲王國之後，青出於藍，更甚於藍，以爸爸傳承給他的技藝，開創了許多世界第一的紀錄，奠定後來布袋戲戲劇揚名國際的基礎。就讓我們一起來認識，這位授證為人間國寶的布袋戲大師吧！

　　西元 1933 年（昭和 8 年），黃俊雄出生於以布袋戲為業的家族裡，爸爸黃海岱是布袋戲劇壇上的一代霸主，自創門派還身兼掌門人。只是雖然爸爸以布袋戲為業，卻沒要求自

▶ 1933C.E.	▶ 1951C.E.	▶ 1958C.E.
黃俊雄出生	組五洲園掌中劇團第三團	拍攝第一部台灣布袋戲電影《西遊記》

己的兒子一定要接下這個事業，黃海岱告訴兒子：「布袋戲這個行業是非常辛苦的，如果你沒興趣，就不要接」，讓黃俊雄有自己選擇志向的機會。懵懂的黃俊雄點點頭，也並沒有在一開始對布袋戲有興趣，甚至當年的志願是成為一名醫生，或者是個賣冰的，根本沒想過未來有一天，竟然跟隨爸爸的腳步，成為了另一名掌中戲的先驅。

只不過爸爸雖然讓他自己選擇志願，但仍是很注重他的漢文學習以及讀書習慣，平常也要協助家裡照顧弟妹及料理家事，培養黃俊雄的責任感與倫理道德觀念。而當黃俊雄去到劇場的時候，黃海岱也不教他戲，只告訴他：「想把布袋戲學透徹，沒有人用教的，你自己要學會看。」不教戲，但是爸爸總會對著他說故事，講述各式各樣的劇情，講到激動處還會潸然淚下，這種入戲的感性，深深影響了後來黃俊雄在布袋戲上的表演精神。

有一次，黃海岱生病吊點滴又無法發出聲音，可是劇場開幕卻迫在眉睫，劇場的人就鼓譟要求黃俊雄下場來配音，底下客人在吵、夥伴在催，黃俊雄牙一咬，一邊回想著父親之前表演的樣子，一邊硬著頭皮上場了。一小時過後，表演終於結束，客人們拍著手稱讚黃俊雄是個有潛力的孩子，接踵而來的肯定與稱讚，讓他開始對布袋戲有了憧憬與渴望。在決定要學習布袋戲之後，他的爸爸並沒有因為他是自己的孩子就給予較多的幫助和教導，反倒較為注重其他師傅，對

▶ 1970C.E.	▶ 2002C.E.	▶ 2011C.E.
將《雲州大儒俠》搬到電視上表演	獲電視金鐘獎終身成就獎	授證「人間國寶」頭銜

他的期望大概只希望黃俊雄能夠學會打鼓就很好了。

在這樣的氛圍之下，讓黃俊雄湧現了不服輸的心態，認為身為老闆的兒子怎麼可以不長進或者輸給別人，因此他天天苦練操演戲偶的方法，站在戲台旁苦練口白與配音，甚至自己學習劇本的編寫以及激發創意，使舞台效果更加令人注目。

西元 1951 年（民國 40 年），黃俊雄自組五洲園掌中劇團第三團，校長兼撞鐘，自己擔任團長和主演，這過程中他一直都努力在學習劇本和故事創作，幸運地於 1958 年（民國 47 年）的時候，黃俊雄與寶偉影業公司有個合作的機會，他們一起拍攝了第一部台灣布袋戲電影，同時也是全球第一部布袋戲的電影。首次登場的黑白電影──《西遊記》，獲得在台的美國新聞處將其剪接成一部三十分鐘的短片，送去參加法國的坎城和威尼斯影展的機會，成為第一部入圍影展的布袋戲電影，揚名國際。

要說起台灣布袋戲的發展史也是相當悠遠，最早的起源其實在大量的閩南漢人移民進入台灣時，傳統的民間娛樂布袋戲也跟著一起傳入台灣。而布袋戲的演變流程，從一開始

在外地搭建戲台表演給觀眾看，到後來變成搭建戲棚向觀眾收取門票，以至於後來一個布袋戲劇團的生存與否，其實都掌握在票房的多寡上，為了能夠保持收入必須讓觀眾一直有想看下去的新鮮感，導致到了後來劇團比拚的就是劇本創意和舞台效果。

在西元 1970 年代，黃海岱因為已經打拚了大半輩子，慢慢地也將劇團交給黃俊雄，他決定想以自己的故事闖蕩一番。過去曾有李天祿的布袋戲在電視台登場過，但後來因故所以沒有繼續演下去。不過黃俊雄看中無線電視台的觀眾人數，將原定在電影院中表演的《雲州大儒俠》，率先選擇了在電視台中上演，並且打造 3 尺 3 吋的全新木偶，配上金光閃閃的華麗戲服與絢麗的聲光效果，新穎的音效配樂和緊湊刺激的劇情題材，一登場就吸引了全台民眾的注目，甚至四年內連演了 583 集，創下全台灣 97％的電視超高收視率，是現今各種台劇、韓劇、日劇都追不上的收視奇蹟，而劇集結束的原因還不是因為劇情寫不出來，是因為全台人民看得太入迷，幾乎黏在電視機的前面，每個人都是電視馬鈴薯，人民這種狂熱情景嚇到了政府，以妨害農民工作的理由，禁止黃俊雄繼續演下去。

在黃俊雄將布袋戲的舞台搬到螢幕之上後，屬於布袋戲的專業分工產業就從這時候開始產生契機，過去一人身兼數職的劇場表演模式，必須得到效率的提升以及專業化，所以黃俊雄開始將工作分類，並且尊重專業，每個人在自己的領域上都是值得尊敬的大師。後來在電視台節目被禁播後，黃俊雄轉而於日商展覽會的時候，向 SONY 公司購入了當時台

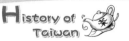

灣第一台四分之三的錄影設備，改變布袋戲的拍攝方法，以
發行錄影帶的方式繼續經營布袋戲戲劇。

　　在黃俊雄的帶領之下，台灣布袋戲在影壇的地位攀上了
新的高峰，甚至開創了許多新技術的里程碑，讓爸爸傳接給
他的事業，又寫下了另一頁的輝煌歷史。如今，在黃氏家族
的傳承下，台灣布袋戲已經不只是屬於路邊搭建戲台的娛樂、
專屬台灣人的愛好，而是化身為傳統文化代表，向著國際舞
台推廣出去，讓更多人一同為台灣獨有的布袋戲事業驕傲。

重要成就

❶組成五洲園第三團。

❷創作《雲州大儒俠》。

❸自創布袋戲拍攝技術。

❹電影作品入圍坎城影展。

❺榮獲第 37 屆電視金鐘獎終身成就獎。

❻受文建會列為無形文化資產保存者。

❼授證「人間國寶」頭銜。

大肚王國

出現於台灣中部，由平埔族群：拍瀑拉族、巴布薩族、巴則海族、
洪雅族、道卡斯族所建立的跨部落聯盟。其勢力範圍甚至橫跨桃園
到彰化地區，可被視為台灣第一個政權。

　　西元 1638 年，荷蘭統治台灣的期間，發現了在台灣的中
部區域，有著大肚王國生活的痕跡，但是屬於王國轄下的族
群並不像分布於台南地區的西拉雅族好親近。於是，在西元
1644 ～ 1645 年期間，荷蘭開始武力討伐，征服了大肚王國
內將近十三個部落，迫使大肚王甘仔轄·阿拉米與荷蘭簽訂
契約，以服從的角色配合東印度公司，但是荷蘭人並未將王
國的政權瓦解。

　　接著在鄭氏政權接管台灣後，對原住民採取高壓統治及
經濟剝削，引發原住民族群的不滿。於是接連發生多起漢人
與原住民間的衝突事件。於西元 1670 年（明永曆 24 年；康

1638C.E.	1644C.E.	1645C.E.
荷蘭人得知原住民的領袖為甘仔轄·阿拉米	荷蘭遠征尚未臣服的原住民	甘仔轄·阿拉米跟荷訂約，維持半獨立狀態

熙 9 年），鄭氏王朝的一名將領──劉國軒，至中部地區進行屯田時，因故便將大肚王國的其中一個部落屠殺殆盡，幾近滅族。到了清治時期，不斷移民而來的漢人與平埔族人搶奪土地資源，甚至利用欺瞞的手段，以及更為強大的武力侵占，使得大肚王國勢力漸微，最終於 1732 年（雍正 10 年）瓦解。

　　對於王的定義，通常是族群裡的最高領袖，有著強大的形象，有了王的地位，隨之而來的就是「王權」，王擁有最大發話權和仲裁決定事務的權力。同時帶領人民一起祭祀、給予人民保護，所以人民會對「王」進貢獵物和作物，希望「王」能夠多看顧、守護自己的生活。但是世界各國對王的定義或許又跟台灣的大肚王國不太一樣，原住民們的生活模式大抵就是狩獵與採食，所以對各部落人民來說，只要你能把食物領域分配好，不讓我的族人們餓死，我就姑且聽你的。

　　正因如此，大肚王國的建立，是由驍勇善戰的拍瀑拉族開始壯大，拍瀑拉族的確擁有較強的武力和人才，但是他們擴大版圖的方式也並非是打壓或消滅其他族群，而是與各族的領袖談判，保留族群自治權，也就是說各部落都保有自己的頭目，只是當我們要出去打仗或者開發其他地方的時候，頭目們就需要聯合彼此的力量，壯大聲勢。各部落之間若是遇到爭執的事情時，就由具威望的領袖來出面調解。當然，若是不想服從的話，就是以武力來決定！

▶ 1670C.E.
劉國軒屠村事件

▶ 1731 ～ 1732C.E.
大甲西社事件

▶ 1732C.E.
大肚王國瓦解

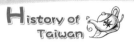
　　於是大肚王國開始以邦聯的模式成形，透過大肚溪的流域上下串連，成為了一個跨族群的統領王權。只不過大肚王國的王並非如其他歷史裡的王者一般，有一大票隨從跟著，也沒有人民的生死掌控權。只負責保護人民與擔任和事佬，以平衡的方式來消弭各族群之間可能的衝突。而在為數不多的文字記載中，我們會發現這個台灣原住民王國，有著許許多多女性身影在重大場合出現，經考察可以發現平埔族最早為母系社會，所以雖然最高王國領袖為男性，但是實際上的家族核心仍由女性掌握。就連與荷蘭或者其他外族談判的時候，皆有女性角色登場，如此的社會樣貌，實在相當獨特與值得深究。

大肚山形，遠望如百雉高城，昔有番長名大眉。

　　究竟大肚王國是從多久前建立，目前還未有明確的答案，但透過旁人的描寫可以稍微對這個王國的面貌窺見一斑。西元 1638 年的時候，荷蘭人第一次發現了台灣島上有王的存在，並由大頭目甘仔轄‧阿拉米所統領。

　　在西元 1644 年的時候，荷蘭人率兵遠征台灣北部，接著侵略及摧毀了十三個大肚王國轄下的族群部落，在牧師的勸告下，於西元 1645 年之時，荷蘭人請甘仔轄‧阿拉米前來開會，表態願意尊重王國的生活制度與溝通方式，只要願意配合，不阻礙荷蘭人謀求經濟利益。大肚王再三考慮之後，決定與荷蘭東印度公司訂約，表示服從，但是對方也必須接受大肚王國的存在，不得侵略與攻擊，只能通過領土而不准他們定居。雙方同意後，在荷蘭人的統治期間，大肚王國仍繼

續存在，兩方也各過各的相安無事。

　　只是鄭氏取得台灣統治權之後，採取強硬的統治策略，漢人與原住民之間衝突不斷。在西元 1670 年的時候，又發生了與大肚王國的侵占土地糾紛。在衝突之中，鄭氏將領劉國軒把沙轆社族群的族人，全部屠殺殆盡，幾乎使對方滅族。這起劉國軒屠村事件，加上從鄭氏統領以來，多次的抗爭與武裝衝突，以及武器的發展不足，使大肚王國的勢力受到打擊，過去的盛景幾乎不存。

　　而清治時期以後，愈來愈多移民來到台灣，與原住民之間不斷地發生衝突。漢人種種欺騙、搶地的行徑，再加上清廷對原住民採取鎮壓與奴役的策略，終於讓大肚王國各部落決定背水一戰，為自己的權益爭取一番。

曉出彰山北，北風何淒涼。晚入沙轆社，社番何跟蹌。

十年大甲西，作歹自驚惶。牛罵及大肚，挺而走高岡。

蠢爾無知番，奮臂似螳螂。王師一雲集，取之如探囊。

憶此沙轆社，先年未受創。王丞為司馬，撫綏得其方。

因此，於 1731 年（雍正 9 年）爆發了大甲西社事件。然而清廷以離間計，利用部落之間的不和，使他們彼此互相攻打，清廷招來岸裡社，採用「以番制番」的政策，使大肚王國的勢力逐漸被壓制，人民四處逃竄。

清廷將參與抗清的大甲西社改成「德化社」、牛罵頭社改成「感恩社」、沙轆社改成「遷善社」、貓盂社改成「興隆社」。最終這個台灣歷史上最具代表性的王國，也在西元 1732 年後瓦解。

皇恩許遷善，生者還其鄉。番婦半寡居，番童少鴈行。

傳統上對於台灣歷史的書寫，大多為殖民統治的記錄，很少人知道其實在十六世紀的台灣，在歷經荷蘭統治、鄭成功盤據台灣、清朝的治理，其背後隱藏有關大肚王國的事蹟幾乎橫跨兩個世紀。大肚王國是有著跨族群領導的王國型態，經歷史學者們的考察結果認為這個跨部落的王國，分布在大肚溪區域，由後來陸續證明的平埔族原住民族群：拍瀑拉族、巴布薩族、巴則海族、洪雅族、道卡斯族所建立，全盛時期由大肚王統領二十七個平埔族群。

然而因為原住民過去的生活並無文字，很少有文件的記載來描寫這個王國內的系統與制度，最早的文字也是因為荷

蘭的統治，和熱蘭遮城附近的新港社西拉雅族交流才建立起，
這也導致我們對這個台灣王國了解甚少。

歷史印記

　　這個由中部平埔族所建立跨部落的王國，分布在
大肚溪區域，全盛時期由大肚王統領二十七個平埔族
群，卻因為原住民過去的生活並無使用文字的習慣，
無法將這個政權的系統與制度完整保存，導致這個台
灣原住民王國一直蒙上一層神秘面紗。

新港文書

新港文書（蕃語文書），也稱為「新港文」，是今天台南一帶的平埔族——西拉雅族透過羅馬字拼音所流傳下來的文書，多為記載土地租借、買賣與借貸的契約，俗稱「番仔契」。

在十七世紀各方勢力尚未大舉進入台灣這塊土地之前，台灣原住民們，如果想要傳達什麼資訊，或者想要教會下一代孩子們一些技藝與知識，都是透過在日常生活中口耳相傳、身體力行來傳遞，常是一代接著一代，將生活的經驗和犯的錯誤，用歌謠、祭典、生存能力等方式傳承其文化內涵。

一直到西元 1624 年，由於海上帝國——荷屬的崛起，荷屬東印度公司在亞洲發現了商機，抱著圖利未來貿易的發展機會，荷蘭本想選擇澎湖作為據點，沒想到被明朝政府給驅逐，於是便轉而看中了台灣這塊肥沃的小島。那時的台灣是個山勢綿延、滿地綠意的島嶼。

大事記

▶ **1624C.E.**
荷蘭統治台灣

▶ **1627C.E.**
教區牧師抵台

荷蘭人剛登陸台灣之時，一切都是十分質樸的樣子。而荷蘭人在大員（今台南安平）建立熱蘭遮城的時候，初次遇見原住民族，部落的人們也只是帶著好奇的眼神觀察著。

在發現台灣是這樣一塊未琢磨的寶石，人們是過著原始的生活之後，荷蘭人便想將自己引以為傲的文化、信仰向原住民朋友分享，希望透過宣傳宗教和教育，可以使彼此的溝通更順利，以及提升原住民們的知識水準。於是西元 1625 年，統領駐台事務的荷蘭長官便向祖國積極宣傳，但是為了觀察情況與保護神職人員們，所以總部第一批派遣來的是宣教士，他們來到台灣之後，看見這些原住民的單純善良，於是努力學習當地的語言，自行編撰字詞的對照，率先使用拼音的方式寫出族群母語版本的教義和教材，接著開始與他們分享神的思想，只不過這些宣教士們只能傳教，沒有行使洗禮的權力。

直至西元 1627 年，在島上的偵查員回覆這些宣教士都安然無恙之後，另一批正規的教區牧師被派遣到台灣，才真正開啟荷蘭人在台灣的傳教事業，而第一步接觸的就是位於熱蘭遮城附近的部落——新港社的西拉雅族。在將近五年的努力之下，終於在西元 1630 年的時候，部落的人們集體表示願意接受基督教的信仰。在第一步宣揚信仰成功之後，荷蘭人便開始設置教會學校，讓西拉雅族的孩子們正式接觸到文字，開啟台灣的文字起源。

▶1630C.E.
新港社西拉雅族集體受洗

▶1636C.E.
設立教會學校、使用羅馬字拼音

　　說起我們現在努力學習的英文，早在幾百年前西拉雅的小孩就已經學來拼音了，透過羅馬字拼出自己的母語，學習透過文字來記錄生活上的大小事，而這些被記錄下來的族群母語，後來便被稱為「新港文」。雖然在這之後荷蘭人被鄭成功驅逐，統治台灣的時間並不長，但是深受影響、大部分已經接受基督信仰的西拉雅族人，仍繼續開口說母語，動手寫羅馬字，持續用來作為契約的簽訂文字。一直到後來長時間的與漢人交往互動，以及接受儒家的教育之後，才慢慢從新港文過渡到寫漢字、說漢語的生活習慣。

　　從現存的新港文書中，過去西拉雅人在台灣這片土地上

生活的情景，不少土地契約上的立契人、見證人，會發現大部分皆是由女性出面，以及女性為財產持有或繼承人的身分。在歷史文獻上透露出西拉雅族，的確是有著母系至上，以「女系」繼承家產的獨特性。是後來隨著時間、環境的演變，才慢慢出現男女共同繼承、男系繼承土地的現象，可作為一種性別階層的演化交替證明。

歷史印記

　　新港文書，最早發現於西元 1683 年，一直到西元 1818 年都陸續還有新港文書出現的紀錄。這樣的文書模式使用了將近 135 年之久，是存在於台灣土地上，比漢字還早出現的文字系統，同時也是第一個以羅馬字書寫的方式。

　　另外，「新港文書」被視為記錄了台灣島上第一次傳教活動的痕跡。

濱田彌兵衛事件

1626 ～ 1632

西元 1626 年，日人濱田彌兵衛來台經商，與當時的荷蘭東印度公司因租稅、武器貨物被沒收等問題爆發衝突。濱田彌兵衛因而把總督奴易茲的兒子綁到日本，此事件在日本又稱為大員事件或奴易茲事件。

濱田彌兵衛因為身材高大，年輕的時候就在日本長崎港工作。身為海上男兒，自然鍛鍊出堅強體魄和意志，也因為常常航海，接觸流連在台灣沿海的海盜們，這讓濱田彌兵衛無形之中受到影響，自己也搖身一變成了海盜。在二十多年的航海生活中，他找到了與中國沿海溝通、交易的模式，在諸島和各強權勢力之間維持良好的關係。

後來，他嗅到了生絲在貿易價格上，有極大的套利商機，希望藉此機會獲取龐大的利益。所以濱田彌兵衛跑去說服長崎的富商——野藤次郎，希望他投資自己前往中國買生絲，然後經過台灣大員轉運至日本，從中牟利。

▶ 1626C.E.
濱田彌兵衛與荷蘭爆發衝突

▶ 1628C.E.
濱田彌兵衛被沒收武器和軟禁、出獄後綁架奴易茲之子回日本

　　而之所以需要採取從台灣轉運的貿易路線，是由於當時日本的生絲進口全被鄭芝龍的勢力所壟斷，所以如果濱田彌兵衛想要運生絲到日本必會遭受阻礙，但是若是從大員轉運，如此暗度陳倉的方式，便沒有這個問題。因為當時的大員已經在荷蘭人的統治之下，大部分進行的是與歐洲的貿易生意。濱田彌兵衛推算著不會有人想到，竟然有艘船是從台灣偷轉運到日本，況且荷蘭人當時為了省麻煩，還偷偷匿名向鄭芝龍購買令旗，以便偶爾航行戎克船，進行與日本之間的貿易，而濱田彌兵衛便是打著這條航線的主意。

　　野藤次郎得知這個計畫後，的確為了這背後龐大的獲利商機感到心動，只是為了安全起見，野藤向他當時擔任長崎市長的好友——末次平藏求助，希望可以藉由他的船隻到台灣進行貿易。於是，濱田彌兵衛便帶領日本官方的朱印船到台灣買生絲，只是當他欲向東印度公司借用有令旗的帆船使用時，遭到了東印度公司的拒絕。當時荷蘭的台灣長官——偉斯，認為彼此之間並不存在互利關係，且與鄭芝龍私下購買令旗的事情是屬機密，所以他對濱田彌兵衛的提議拒於門外，還另外禁止日本人派遣其他船隻前往中國取貨，而且若是想要在大員進行貿易，則要付一成的稅金。

　　這讓濱田彌兵衛和所有日本商人非常不滿，本來是有暴利機會的投資，變成必須付稅金，又無法順利運輸，導致這次的生意成了虧損。於是日本商人紛紛跑回國告狀，日本政

府對於此事也很憤怒，開始採取強硬的態度，甚至揚言封鎖港口。這下換荷蘭人發出不平的聲音，日本仍有許多貨品在歐洲非常具有利益，所以在西元 1627 年的時候，荷蘭東印度公司派代表團前去日本，想要改善日荷間的貿易關係。

這時候荷蘭代表團的團長，是荷蘭的第三任台灣長官奴易茲，他來台之後先是遇上了濱田彌兵衛，濱田一樣要求雇用那二艘中國式的戎克船，奴易茲心想之後得去長崎談判，為了保有良好的印象，所以就直接答應了濱田的要求。只是一轉頭，就對偉斯說：「不得答應派船，一旦答應便是喪權辱國。」所以當濱田彌兵衛前往大員向荷蘭人要求開船的時候，再次被偉斯拒絕。這同時奴易茲早就已經跑去日本談判，再加上沒有白紙黑字，荷蘭人完全不理會濱田彌兵衛，這反反覆覆的愚弄讓濱田彌兵衛盛怒之下，決定要向荷蘭人報復。

濱田彌兵衛開始找人及武力的支持，準備帶領一批人給荷蘭人顏色瞧瞧，沒想到奴易茲早就接獲密報，所以濱田彌兵衛的船才剛抵台，就被奴易茲派人安檢，果然搜出大量武器及火藥，當下便把所有東西通通沒收，把船上的人分別軟禁跟監禁。濱田彌兵衛就是屬於被軟禁的人，等他被放出來之後，他提出歸還武器和釋放船員的訴求，想當然奴易茲不予理會，甚至還不准他離開台灣。於是濱田衝冠一怒，從之前整船的生絲到現在的火藥武器，這種種的損失，讓他決定直接採取武力行動，他帶數十名同夥，闖入奴易茲的住處，綁架他兒子當人質，返回日本。

而濱田彌兵衛一抵達日本後，就受到日本政府的保護。本來濱田彌兵衛與荷蘭人談好貨品的賠償，以及在日本交

換人質。沒想到日本人也學壞了，反正沒有白紙黑字，所以就把奴易茲的兒子和其他前來交涉的荷蘭船員全部丟到了監獄，並且派人封閉荷蘭人在平戶的商館。奴易茲非常緊張、害怕，聯絡總部趕快幫他交涉、救援兒子。只不過荷蘭派了代表數度向日本溝通談判，但是都無法成功解決。

　　由於在日本的貿易受到重挫，荷蘭東印度公司的總部，終於感到事態嚴重的嚴重性。在西元 1629 年時，以將奴易茲撤職、判有期徒刑的結果答覆日本，而且還把奴易茲引渡到日本監禁，這才重新恢復荷蘭人在日本的部分貿易權。而

後於西元 1636 年，荷蘭重新派使者用大量的禮物交換，才把奴易茲重新接回，以及完全恢復貿易的通路。

歷史印記

　　在荷蘭人來台統治以前，就已經有漢人、日本人在台灣從事商品貨物的走私貿易，所以在荷蘭人來台後，日本商人與荷蘭東印度公司的商人，彼此之間時常產生衝突。而濱田彌兵衛事件就是其中一起，甚至影響到日本與荷蘭之間的官方貿易往來。

裨海紀遊

西元 1696 年，清廷因失火而損失硫磺和火藥，於是郁永河自願前往台灣採硫。在採硫的期間，郁永河到處遊歷，將在台灣觀察到的風土民情、所見所聞都記錄在自己的手書裡，後來整理成《裨海紀遊》。

　　《裨海紀遊》是學習台灣史的學者常常掛在嘴邊的一本著作，被視為探索清治台灣社會風貌的入門款。而作者郁永河，本身是位非常喜好遊歷的人，他從西元 1691 年（康熙 30 年）開始，就常在福建各地遊走，因為希望未來自己能夠時常緬懷這些經歷和過程，所以旅行的時候，他隨時都有著拿筆記錄的習慣。

　　西元 1696 年（康熙 35 年），福州的「榕城」火藥庫失火，朝廷損失了將近五十餘萬斤的硫磺，而且硝石全部遭到焚毀，一時庫存降到了負位數。但這些資源又是必用品，所以得立刻緊急派人重新備貨。

▶ 1645C.E.	▶ 1696C.E.
郁永河出生	福州榕城火藥庫失火

　　聽聞這個消息的郁永河，便主動向朝廷請命，要代表朝廷前往台灣的北投採硫，朝廷一聽他這麼說，相當欣喜，立刻批准了他的請願。因為其他官員的心態都是在家住得舒舒服服的，哪會願意跑去台灣那種化外之地受罪。

　　於是，在西元 1697 年（清康熙 36 年）的春天，郁永河便從福建坐船前往台灣，剛抵達台灣鹿耳門，眼前的景像便深深吸引住郁永河的目光，對這個未知的冒險感到躍躍欲試，只不過想要出去遊玩之前，正事必須先做好，於是郁永河透

過通事張大的協助，先在硫磺產地的附近駐紮，並且聘用原住民們來幫忙採硫。

鐵板沙連到七鯤，鯤身激浪海天昏；任教巨舶難輕犯，天險生成鹿耳門。

　　將人員及事務安頓妥善後，郁永河就開始於工作之餘，到處在台灣逛大街、寫紀錄，把自己在台灣歷時九個月的觀察，寫成《裨海紀遊》，成為第一部完整又詳細地記載台灣北部的人文地理著作，具有高度的參考價值。《裨海紀遊》描繪了郁永河此趟採硫工作的過程，他把當時台灣西部地方：新港、大肚、沙轆、清水、通霄等地的地理，還有在當地生活的平埔族部落分布，連同他們的風俗民情都做了非常詳細的紀錄。

　　整本書分為上、中、下三卷，從說明來台的緣由，到記錄從福州到鹿耳門的行程，以及後來自己探訪台灣各地所發掘的美麗。而書中也包含了他在旅途過程中的心情，畢竟台灣對當時的中國來說，真的就是個蠻荒之地，到底去了之後有沒有命回來，郁永河再大膽也是會擔心的。再來，對於每個旅人來說，無論見過多少各地的美景，心中最美的景象，永遠是來自於故鄉，而這同樣也是郁永河的心聲。

余向慕海外遊，謂弱水可掬、三山可即，今既目極蒼茫，足窮幽險，而所謂神仙者，不過裸體文身之類而已！縱有閬苑蓬瀛，不若吾鄉溦香空濛處簫鼓畫船、雨奇晴好，足繫吾思也。

　　《裨海紀遊》因為是從一個旁觀、冒險探訪的角度記錄

了台灣實際的生活，裡頭包括著發現不少地方仍流通著荷蘭的硬幣，以及在先前鄭氏王朝的治領下，讓社會呈現百姓安樂勤奮的景象，極具歷史研究價值。

《古文30輕鬆讀》

出版社：鴻漸文化
作者：廖筱雯

歷史印記

「由淡水港入，前望兩山夾門（今關渡），水道甚隘，入門，水忽廣，瀦為大湖，渺無涯矣」，這是為清朝官員郁永河所著，記載他到台灣所聞的風土民情，而《裨海紀遊》，又名《採硫日記》，被譽為是台灣遊記文學的開創者。

頂下郊拚

1853

又稱作「四縣反」。清治台灣前期屬於移墾社會，文教發展低落，人民之間為爭奪利益，械鬥不斷。頂下郊拚即是 1853 年發生於台北地區，泉州人之間不同派系的械鬥事件。

在西元 1850 年代的台灣，雖然有清廷的官府，但是台灣一直都被當作邊緣地帶，不得已才納入版圖，所以清廷的各項政策，都是採取消極的態度，可說是「為防台而治台」。因此，要在這裡討生活的人民都得自求多福，當有紛爭發生時，大多靠士紳與文人居中協調。

而當時移居台灣的多屬來自福建漳州、泉州兩地的移民，但不僅是漳州人、泉州人兩方會發生衝突，即使泉州人之間，也因為出身地的不同而爭鬥，而頂下郊拚就是泉州人之間不同派系的械鬥。

在乾隆、嘉慶朝之後，大量的泉州人為了想要開創天地，

大事記

▶ **1738C.E.**
頂郊設置行政中心

追求更好的生活，所以跨海移民來到台灣，他們沿著淡水河靠岸，選擇定居台北的艋舺（今萬華地區），一時之間人煙稠密，讓艋舺一躍成了台灣的重要地點，還有著「一府二鹿三艋舺」的美稱。

那時定居於艋舺的其實都是泉州人，只不過彼此之間又劃分成了兩大群體，其一為同安籍，另一為三邑籍，分別稱為同安人與三邑人。其中又以三邑人先搶先贏，早早就來到台灣落地生根，人口數大勝同安人。

後來因為同安人大多跟廈門一帶進行貿易往來，所以又被稱為「廈郊」或者諧音為「下郊」；而三邑人則是更往北上，與泉州、福州等地方貿易，所以又被稱為「頂郊」。

那時，台灣社會屬於追求經濟發展的移墾社會時期，文教不興，社會風氣充滿暴戾之氣，時常衝突不斷。西元 1738 年（乾隆 3 年）時，居住於艋舺的三邑人，因為當時台北地區存在瘴癘之氣，瘟疫造成的死傷慘重，於是恭請過去在故鄉龍山寺祭祀的觀音菩薩分香火來台灣，在艋舺當地建立了台灣龍山寺。

當龍山寺建成之後，三邑人便計畫將龍山寺當作族人的發展據點，欲把頂郊一派的行政中心設置在龍山寺，有什麼要討論的事宜，通通來到廟裡解決。所以頂郊一派的人便以這個基地為發展中心，再加上宗教信仰穩定民心，大家皆有共識不隨意在寺廟鬧事，慢慢地，頂郊從龍山寺開始發跡，

有了自己稅金來源、義渡、義倉、賑災、巡更等公共事務，但也是從這個時候開始，頂郊在劃分領域和分配行政事務，便將屬於下郊的同安人排除在外。

　　到了十九世紀之後，台灣的移民愈來愈多，而且當時艋舺已經發展成重要的貿易樞紐，為了能夠得到更多渡口貿易的資源，所以三邑、同安兩派人馬開始興起想要爭奪掌控權力的念頭。

　　只不過因為當地核心基地是當初三邑人為了祈求平安所建立的龍山寺，其實與同安人奉祀的霞海城隍信仰不同，所以三邑人會更理所當然地認定，地盤是屬於他們所有。

　　漸漸地，紛爭愈鬧愈大，終於在西元 1853 年（咸豐 3 年），衝突一觸即發，兩派人馬直接兵刃相接，這也就是後人所謂的「頂下郊拚」事件。

　　三邑人一派是由黃龍安領軍，他們的信仰中心是龍山寺，從早年移民人數就較同安人多，同時早早占領了碼頭經營權；而同安人一派則是由林佑藻領軍，信仰中心為霞海城隍廟。但其實當時在艋舺，除了三邑人與同安人之外，還有同為泉州同胞的安溪人，領頭者為白其祥，信仰中心為清水祖師廟，安溪人以種茶為主，與兩者沒有利益衝突，所以對於械鬥，傾向中立的立場，只不過由於三邑人的人多勢眾，安溪人還是在械鬥中被迫提供了一些幫助。最後幾乎是耳朵遮著，完全不管泉州人自己人打自己人的鬧劇。

　　屬於漳州人的林國芳，也就是後來的板橋林家，在頂下郊拚之中因為不屬於泉州任何一派，所以不用被關係所綁架，當時各方勢力都想拉攏，只不過林家最後仍然沒有淌渾水，頂多是被波及到。

　　這場械鬥的結果，同安人寡不敵眾，只好帶著一身傷痕和城隍爺逃離開艋舺，重新找塊地方另起爐灶，後來便落腳於現在的大稻埕與大龍峒一帶。

　　只不過，當時三邑人得意洋洋燒毀同安人生活過的痕跡，完全霸占艋舺的掌控權，又有誰能想到，艋舺竟然會在好幾年之後河砂淤積，導致許多船隻無法停靠。甚至後來演變成

大稻埕作為新據點取代艋舺，成為台北的重要貿易地，讓同安人再度取回商業的利益與掌控大權。

歷史印記

　　以泉州府泉惠南三邑人為主的頂郊，和另一為以泉州府同安人為主的下郊（或稱廈郊），於西元1853 年時在艋舺發生分類械鬥。後來同安人落敗，遷至大稻埕，這也間接促成大稻埕與大龍峒地區的開發。

樟腦戰爭

1868.11.20 ～ 1868.12.1

西元 1868 年，清廷和英國因樟腦的貿易談判破裂，英國為保護英商和爭奪樟腦的生意，於是派兵攻陷安平。中國戰敗後，雙方簽訂《樟腦條約》，除了賠償英國之外，還得放棄樟腦專賣。

西元 1860 年（清咸豐 10 年）台灣開港通商，由於世界各地對樟腦的需求量非常高，同時台灣的樟腦生產量幾乎占了全世界產量的一半，使得樟腦貿易出口量大幅成長，而其中邁向世界貿易的關口卻被英國壟斷。加上英國在世界各地享有許多商業特惠，使當地的華商完全無法與之競爭。英商這種獨占市場的壟斷模式，很快就引來他人的聯合與抗爭，一群不滿的華商寫信向清廷請願，要爭取樟腦貿易的獲益權。這請願信如願讓朝廷官員關注這項問題，於是清廷派人介入，在西元 1863 年（清同治 2 年）的時候設置「腦館」，將樟腦改為官辦專賣。

大事記

▶ 1860C.E.
台灣開港通商

▶ 1863C.E.
朝廷設機構將樟腦改為官辦

　　這導致原本的洋行商人大感不合理，於是在西元 1866 年（同治 5 年）的時候，英國領事要求中國恢復樟腦自由買賣，且賠償英商的權益。這種抗議當然不被理會，直接遭到拒絕。

　　不過英國商人抱持著政令剛頒下來，生意哪有說斷就斷的道理，許多貨物都是早就已交涉，只等出貨的時間點。所以那時英國怡記洋行（Elles）的代表——必麒麟（Pickering）還是持續在台灣收購樟腦和整理貨物，哪知清廷卻派人來查

緝，並且沒收。

　　必麒麟心有不甘，加上貨物的運送勢在必行，便私下偷偷收購樟腦，只是沒想到朝廷掌握情報，必麒麟在梧棲港又再度遭到清廷查緝。同時間他因為拒捕而槍傷了清廷的官兵，使雙方的關係惡化，危機一觸即發，這也開啟英商在台樟腦貿易的衝突。

　　在這樣糾紛的情況之下，駐台的英國領事 —— 吉必勳（John Gibson）提出了抗議，要求先將此批貨物歸還，之後再針對樟腦貿易進行談判討論。結果就在必麒麟要取回貨物的時候，又遭梁元桂的派兵打傷，使和平破裂，吉必勳以保護英商為由，正式向英國政府請求派兵到台灣保護英商。

　　梁元桂知道自己闖了禍後，便馬上呈報閩浙的總督英桂，讓他派人與英國代表進行談判，而在談判的過程中，英國採取強硬的態度，中國代表曾憲德已經選擇不斷退讓來換取雙方的和平。但英國仍然獅子大開口，想要藉此獲取更大的利益。結果談判當然是破裂，於是英國決定以武力逼迫清廷屈服。英軍趁夜襲擊了清軍，導致清軍大敗，一時之間台南安平情勢大亂，沒有多久安平就被攻陷了。英軍甚至恐嚇，若是清廷無法依照英國的條件，就直接攻下整個台灣。

臣等查台灣英國領事兼署法國副領事吉必勳因怡記英商遣洋人必麒麟在不通商之梧棲港口岸勾通奸民設棧收買樟腦私運出口，致被截留，遭風漂沒；輒聽必麒麟主唆牽及教堂未結各案，飭稟公使請調兵船要挾索賠，任意刁難。迨經臣等委令道員曾憲德赴臺查辦，該領事自應按約會商辦理；仍又先派兵船潛入安

平，混稱奉文管轄中國地方，肆行恫喝。

　　在這情形之下，清廷被迫談判，迅速找了在台的代表出面一起協助，由安平士紳──黃景祺主導協調。這次談判英軍先是要求四萬銀元做為保證金，之後還需訂定條約，才承諾不炮轟府城。這筆費用還是依靠幾位台南士紳湊足了四萬元繳付給英軍，這才讓英軍撤出安平。

　　後來，清廷派遣曾憲德再次渡台，與英國領事會同協議，並訂立《樟腦條約》，內容如下：

　　一、廢除樟腦官辦，訂立外商採運章程。

　　二、鹿港同知及鳳山知縣開革。

　　三、賠償外人一切損害共一萬七千餘元。

　　四、承認外人傳教自由。

　　《樟腦條約》簽訂之後，台灣的樟腦進出口貿易，再度落入外商洋行的手中。

歷史印記

　　自清代台灣開港通商之後，英國人發現了台灣的樟腦價值，於是大肆壟斷樟腦貿易，引來清廷的注意，在西元 1863 年的時候將樟腦列為專賣品，換來英商爆發不滿、要求自由貿易。從西元 1868 年的《樟腦條約》，一直到清治台灣末期，清廷官方與外商因樟腦買賣問題的爭議不斷，足以一窺清代台灣樟腦貿易發展史的面貌。

日本移民村

1899 ～ 1945

十九世紀末，由於日本本地的人口過剩，產生了農耕地與糧食不足的問題，所以政府鼓勵人民出國當日僑，同時也開始展開大批的人口移民計畫。當時為殖民地的台灣，也成了這一波移民村的設置地點。

　　西元 1869 年（明治 2 年），日本政府在明治維新之後，受到西方殖民思想的影響，所以為了人口、國防與產業的考量，在與學者們討論之後，有了大和民族海外發展的想法。

　　由於政府和地方人士已經達成了共識，為了解決日本人口問題，勢必得在別的殖民地當中設立移民村。所以在西元 1899 年（明治 32 年），日本企業主——賀田金三郎便主動成立了賀田組，著手在台灣的開墾，一開始便選擇了吳城、鯉魚尾和鳳林等花東平原地區，打造第一座移民村的雛形。而在西元 1906 年（明治 39 年）的時候，日本政府首先採取獎勵私營移民的政策，所以賀田金三郎開始招募日本人民來

1899C.E.	1909C.E.	1910C.E.
在花東平原開始打造私營移民村的雛形	移民調查與準備工作	設移民事務委員會、裁決移民實行案

台灣定居開墾，成為「大和移民村」，其後接連設「賀田移民村」與「壽移民村」。賀田金三郎也因此得以從台灣總督府那裡拿取獎勵，得到了土地開墾許可，而此批私營的移民村不但是台灣首座日本移民村，還是日本的首座海外移民村。

但是因為賀田金三郎選定的移民村，位於台灣的東岸，實際上交通偏遠，加上日人水土不服，造成了部分移民死亡、轉換職業或者選擇返回日本。所以移民村的招募雖然持續辦理，但是仍然沒有政府期望的移民聚落產生。

時間來到了西元 1909 年（明治 42 年），解決人口過剩的問題迫在眉睫，所以日本政府下令台灣總督府負責調查移民村的開發與環境偵查。然後協助移民的措施，也增設移民事業委員會來專門負責，並在各個地點安排協助的事務員來指導這些移民們。

在西元 1911 年（明治 44 年），第一座的官營移民村誕生了！地點就位於花蓮的七腳川（在今花蓮縣吉安鄉），又稱為吉野移民村。政府開放土地得以免費使用，還提供三年的生產物資，希望日本人民可以安心地在台灣東部發展。怕給了這些條件大家還是不敢去，所以政府乾脆連屋舍都幫忙建造，還提供武器，只要人到就好。終於在這樣的誘惑之下，總督府總共引進了一千七百多人，一下子人口達成目標，總算可以鬆口氣，開始讓這個地區的人們自行運作，在當地種植甘蔗來發展糖業，總督府只要在一旁給予協助和觀察就好。

▶ **1932C.E.**
於台灣西部設置移民村

▶ **1945C.E.**
日本戰敗，移民遣返

但是沒想到給予再多的協助，移民村還是抵擋不了老天給的
考驗，於是花東移民計畫宣告失敗。

　　西元 1932 年（昭和 7 年），全世界迎來了經濟大蕭條，
日本人口過多使得政府財政難以負荷，所以再次嘗試設置新
的移民村。這次重新評估跟考察之後，移民事業委員會選擇
了台灣西部的平原。原本台灣西部就比東部開發的程度高，
加上漢人移民數多，所以設置移民村的同時，也希望藉由日
本子民的影響，貫徹台灣人皇民化的思想，而且人口集中之
後，日本的軍力分配也變得較為輕鬆。

　　在新的移民村設置上，台灣總督府先行把土地劃成方塊

狀，然後先把水圳建好，提前裝潢好房屋、道路，就是希望這次的移民村計畫不要再失敗。

　　從西元 1899 年開始，由賀田金三郎主導，開始於台灣東部的花蓮平原，打造首座日人私營移民村；而後西元 1909 年到 1918 年，台灣總督府共引進了約一千七百餘人的移民；到了西元 1932 年於台灣西部的濁水溪、虎尾溪、高屏溪等河床大量設置移民村，但是後來因為水土不服、耕種作物的選擇，加上日本移民並無法取得土地的所有權，所以導致台灣的日本移民村設置並不算成功。

　　二次世界大戰，日本戰敗之後，喪失所有在台灣的一切權利，而移民而來的日本人也得一一引揚歸國。許多殖民地移民在回鄉過後，沒有了原先在台灣辛苦打拚下累積的家產，面臨到經濟的困境；以及身分遭到質疑，導致自我故鄉認同的混亂，這些另類的「失根的浮萍」也是那段歷史中幽暗的一頁。

歷史印記

　　在十九世紀的日本，因為人口過剩的問題，於是有了大量的移民，其中移民又分為私營移民與官營移民，這兩種都是為了解決人口過剩的問題，而其中又再以職業來細分。

　　日本政府在殖民地台灣的移民村計畫，雖然結果不如預期，但仍對後世帶來影響，如今在花東地區依然可見當時移民計畫所遺存的歷史痕跡。

太魯閣之役

1914.5 ～ 1914.8

為 1914 年發生於日本軍隊與太魯閣族之間的戰役，是原住民抗爭歷時最久的戰爭。由總督佐久間左馬太，對太魯閣族發動大規模攻勢。此戰役代表自 1895 年起，日本政府近二十幾年後才完成對原住民統領。

從日本殖民台灣開始，日軍與全台原住民便有著大大小小的武力對抗，而與太魯閣族的第一次衝突是在西元 1896 年（明治 29 年），陸軍少尉結城亨和部下 21 人，在花蓮新城遭到太魯閣族的殲滅，此被稱為新城事件。之後於西元 1906 年（明治 39 年），因日本私營移民村的組織——賀田組想獨占採樟事業，與太魯閣族人發生糾紛，導致日本商人和花蓮港支廳長將近 36 人被殺害、16 名被扣押的威里事件。

連續挫敗的征戰與糾紛，使素有「理蕃總督」之稱的台灣總督佐久間左馬太決定要進攻太魯閣部落，在西元 1913 年（大正 2 年）首先進行多次偵查任務，並建立封鎖太魯閣族

▶ **1896C.E.**
陸軍少尉結城亨遭到太魯閣族殲滅

▶ **1906C.E.**
賀田組因採樟和太魯閣族產生糾紛

的隘勇線，開始建鑿道路、架設電信、確保軍火運輸的路線，以及設臨時救護班，全都是為了之後的大戰而準備。終於在西元 1914 年（大正 3 年）佐久間左馬太下令討伐行動開始。

對於台灣的原住民管理，佐久間左馬太一直都是採用高壓統治政策，不服從者就直接武力對待。於是全台原住民在大規模的討伐之下，大部分都投降與接受日人的統治，只有遠在台灣東部花蓮地區的太魯閣族始終不願低頭，也由於那裡山勢、地形險峻，日軍想要攻打也不是這麼容易。

從西元 1895 年（明治 28 年）開始，日軍與太魯閣族一直都有抗戰，比較知名的就是西元 1896 年（明治 29 年）第一次的衝突，陸軍少尉結城亨帶領日軍在花蓮駐軍，但卻出現日軍欺辱部落族人女性的行為，導致太魯閣族人組織戰士殲滅了日軍，為日後的太魯閣之役埋下種子。後來日本為了解決人口過剩的問題，便開啟了私營和官營移民村的設置計畫，其中富商賀田金三郎便是第一個在花東地區建立移民村的代表，兩方人對資源的爭奪和糾紛，使太魯閣戰士們再度出動，直接殺害了那些日本商人和協助的部分日軍。

這些事件點燃了佐久間左馬太的怒火，對擔任台灣總督的他而言簡直是恥辱，於是他開始規劃戰爭，從開路、架設電話，還找來心理素質強的醫護人員，以及確保後勤補給，總不能打到一半沒彈藥，所以他把大批的物資和武力移動到花蓮，甚至為防止太魯閣族人有機會逃匿，還把整個山區設

▶ **1913C.E.**
組織太魯閣戰士討伐探勘隊

▶ **1914C.E.**
日本與太魯閣族爆發大規模征戰、最後招降太魯閣族

置障礙圍了起來，抱持必勝的決心，進行一連串的準備。

　　西元 1914 年（大正 3 年）5 月 30 日，日軍射擊了第一槍，
襲擊耕作中的原住民，並且燒毀族群部落。佐久間左馬太以
兩三倍的人力來輾壓太魯閣族的戰士們，動員軍警人數 6,235
人，加上雜役工人和後勤總計高達 11,075 人，遠遠大於原住
民的部落人數。期間，佐久間左馬太在戰事裡意外逝世，但
是他縝密的安排與戰事計畫，仍使日軍在西元 1914 年 7 月 3
日拿下了勝利，太魯閣的頭目率族人繳械歸順，正式為台灣
的原住民抗爭畫下休止符，成為最後一族歸順日本政府的原
住民部落。

　　戰爭結束之後，日本當局也開始檢討，認為高壓政策容易引來反彈，於是對原住民族人進行招撫，並重新設置軍備基地，對山地原住民部落實行徹底控制，但仍以教化目的為主。後來的太魯閣族人被強制移住平地，並要求孩子前去蕃童教育所學習，進行日本化教育，並且鼓勵剩下的族人發展定耕農業，另為他們設置蠶業、苧麻、菸草耕作指導所，顛覆了太魯閣族傳統的經濟生活。

歷史印記

　　太魯閣族，是日治時期台灣的最後一族歸順日本政府的原住民族群。太魯閣之役的結束也讓日本當局檢討其高壓政策，於是對原住民族人進行招撫，並重新設置軍備基地，對高山地區的原住民部落實行徹底控制，但仍以教化目的為主。而這也成為之後日本政府「理蕃政策」的基礎。

嘉義農林棒球隊

1928 ～ 1945

簡稱嘉農棒球隊，是日治時期台灣嘉義農林學校的棒球代表隊，首次參賽便奪得全台高校棒球冠軍。隨後擔任台灣代表，赴日參加夏季甲子園大會，獲得亞軍，有「英雄戰場、天下嘉農」的美譽。

　　西元 1919 年（大正 8 年），台灣總督府嘉義農林學校創立，而後在西元 1928 年（昭和 3 年）的時候成立棒球隊。雖然成立了棒球隊，但都是由學校的老師擔任指導，並不是真正熟識棒球這項運動，這也使嘉農棒球隊一直處於默默無名的狀態。直到曾擔任甲子園名校棒球部的總教練——近藤兵太郎前來嘉義農林學校擔任教練後，才出現關鍵性的轉折。

　　在嘉義農林學校中，多的是混合型態的學生就讀，有原住民、有漢人、同樣也有日本人，這也造就了他們時常會有衝突和完全不同的文化碰撞，但這是缺點、同時也是優點，教練——近藤兵太郎認為這樣一支棒球隊，有不同的族群特

▶ 1919C.E.	▶ 1928C.E.
台灣總督府嘉義農林學校創立	嘉義農林學校成立野球部

性，也有不同的強項專長，這就是其他棒球隊都沒有，屬於嘉農棒球隊的優勢。而為了激起他們的士氣和向心力，教練採取了很多魔鬼式的訓練，讓整支棒球隊就像是在軍隊裡訓練，漸漸地，彼此有了革命情感，以及想要攜手拿下榮耀的心情。

　　西元 1931 年（昭和 6 年），這樣一支雜牌軍般的棒球隊，沒有任何人看好與關注，甚至引來不少人的嘲笑和揶揄。這

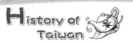
些孩子們從來沒有勝利過,當然也會對自己的能力感到質疑,是教練近藤兵太郎化身為他們的精神支柱,他就像座參天大木,為嘉農棒球隊撐起一片天,只要求他們放手享受比賽就好。在這樣的鼓舞和百分之百的信任之下,嘉農棒球隊奪得了全台灣高校的棒球冠軍、取得參加甲子園大會的資格,打破一直以來由北部學校拿冠軍的紀錄,這一場戰役,使得南部的學生們也有了揚眉吐氣的一天。

過去從來沒有任何消息與優勝紀錄的嘉農隊,當抵達甲子園的時候,被媒體寫了許多堪憂的負評,就連外面的人偷偷開賭盤,也都不認為嘉農隊有任何贏得比賽的機率。料想不到的是,在一片不看好的氛圍之下,嘉農隊反而異軍突起,打敗了神奈川商工,甚至是以三比零的成績,狠狠地擊敗對方,讓觀眾與日本媒體們跌破眼鏡。

於是大家開始猜想或許這場比賽是純屬僥倖,可能是因為神奈川商工狀態不佳,才讓嘉農隊有機會勝出,而就在大家紛紛帶著懷疑的眼光看待嘉農隊下一場與北海道札幌商業的比賽時,嘉農隊卻再度以十九比七的成績大勝,震驚全日本,這讓日本媒體完全刮目相看,搶著專訪與發表頭條。

而後嘉農隊又再以十比二大勝來自北九州的小倉工業,打進甲子園的決賽,成為了台灣第一支打進入甲子園決賽的球隊。遠在台灣的家人和全台人民彷彿成為一體,無不感動和歡賀,感謝他們為台灣帶來的榮耀。

只不過,嘉農隊能夠這樣一路上拿下全台高校的冠軍、打進甲子園決賽的結果連他們自己都沒想過,而當初成立棒球隊也沒有人認為他們會成為一支比賽的常勝軍,就連同鄉

的同學都沒什麼人想參加。於是在隊伍人手不足的情況下，主投手吳明捷在甲子園當中連續投了四場比賽，一直到決賽的時候，手指和身體早已經不堪負荷，所以最後嘉農隊以零比四敗給了愛知縣的中京商業，而成為亞軍。但是當時所有人一起奮鬥、拚搏的精神與表現，讓他們在甲子園裡感動無數觀眾，博得「天下嘉農」的美譽，從此開啟了「嘉農棒球隊」光輝的歲月。

　　回台之後，嘉義農林的棒球隊聲名大噪，有更多對棒球熱愛的學生加入，後來的嘉農棒球隊也陸續在西元 1933 年、1935 年、1936 年的時候，三度打進夏季甲子園大會。除了當年身為第一支打進甲子園隊伍裡的投手——吳明捷之外，嘉農還培養出許多優秀的棒球好手，包括陳耕元、蘇正生、吳昌征、吳新亨、羅保農及藍德和、藍德明等人，成為台灣人在棒球領域的驕傲，展露屬於台灣棒球發展史的光芒。

歷史印記

　　嘉農棒球隊，是日治時期台灣棒球發展的經典代表。首次到台北參賽便奪得全台高校棒球冠軍，打破了所謂「冠軍錦旗不過濁水溪」的傳統。隨後，赴日本參加夏季甲子園大會，更博得「英雄戰場、天下嘉農」的美譽。嘉農培養出許多優秀的棒球好手，其深耕台灣棒球界，也開啟一連串精彩的台灣棒球運動史。

四六事件

1949.3.20 ～ 1949.4.6

事件導火線為兩名同學共乘腳踏車,被警方攔查。衝突之下,學生被警方毒打與拘押,此事引來群眾的請願。而後,警備總部擬定逮捕學生名單,並要求台大及師範學院停課。此即四六事件或稱四六學潮。

　　西元 1949 年(民國 38 年)3 月 20 日,台大法學院學生何景岳和師範學院博物系學生李元勳兩人共乘一輛腳踏車,在經過大安橋的時候被員警謝延長,以違反交通規則攔下,雙方發生衝突,兩名學生被警察毒打了一頓,並且帶回警局拘押。結果消息一傳到台大與師院之後,上百名學生自主前往,包圍警察局聲援被關的兩位同學,並高聲提出要求:

一、嚴懲肇事人員。

二、受傷同學由警局賠償醫藥費。

三、由總局長登報道歉。

四、請總局長公開向被害同學道歉。

1949.3.20	1949.3.21	1949.3.29
學生與警察衝突	學生選派代表請願	全省學生大會,遭陳誠採取武力鎮壓

五、登報保證以後不發生類似事情。

當時陪同請願的學生與民眾超過千人，使警方在壓力之下被迫道歉並釋放兩名學生。但事件在致歉完後才拉開序幕，由於這樣的請願活動被國民黨政府視為危機，認為台灣校園也已經受到了中國共產黨的滲透，企圖透過學生影響國民黨政府的威信。再加上 3 月 29 日的時候，台大法學院的學生——葉城松，主持營火晚會時，正好演唱了與共產黨有關的歌曲，會後並討論出以反飢餓、反迫害的口號為主軸，要在 5 月 4 日舉行全省學生大會。

由於許多事件和抗爭是因為學生們開始對國民黨政府產生不信任，使國民黨政府在與共產黨對抗時一路慘輸。再加上二二八事件，政府變得有些風聲鶴唳，只要有可疑的因素就會將人逮捕，於是當消息傳到台灣省主席兼警備總司令——陳誠的耳中時，陳誠立刻決定採取武力鎮壓，要求副總司令——彭孟緝負責緝拿這些抗爭的主謀。西元 1949 年 4 月 6 日，警備總司令部電令學校指名要逮捕「周慎源、鄭鴻溪、莊輝彰、方啟明、趙制陽、朱商彝」六人，並且要求學校立即停課，以及將所有的學生全部重新登記肅清。

學生們一知道後便全力阻擋並拒捕，於是軍警便包圍台灣大學、師範學院的宿舍，引發學生和軍警爆發肢體衝突與衝撞，最後孑然一身的學生當然打不過全副武裝的軍警，於是軍警衝破了學生的包圍，並將所有犯事的學生全部帶走。

▶ **1949.4.6**
警備總司令部下令逮捕六名學生，遭到學生阻擋拒捕

▶ **1949.4.8**
警總分批釋放遭逮捕的學生

　　這件事被當時的台大校長——傅斯年知道後，對警備部採取如此不正當的流程，強行進入校園內逮捕師生爆發不滿。他親自找上國民黨的高層談判，要求當局想要逮捕任何一名台大的師生，都必須經過他這個校長批准。

若是有任何一個學生流血，我要跟你拚命！

　　傅斯年也豁出去直接警告警備副司令彭孟緝，隨後傅斯年就像學生們的父母一般，始終陪同在學生的身旁，一一確認學生們是否有逮捕的理由，少數真的因傷害或煽動他人遭逮捕的學生，傅斯年也要求軍警不得對學生上手銬，並且保

留學籍、給學生有復學的機會。也因此在傅斯年的奔走之下，台大的學生在四六事件中受到的傷害較輕。而師範學院的院長謝東閔則和傅斯年採取不同的作法，他選擇配合政府的安排，甚至協同軍警前去逮捕學生，事後更成立整頓學風委員會來防範學院再度出現類似的事件。

四六事件的發生，也造成人民與軍警、政府當局更深的誤解和怨懟，許多知識分子和在學學生們，對於政府產生更多的厭惡情緒和反抗心理。為 1950 年代的台灣，留下了白色恐怖的引線。

歷史印記

四六事件起於學生與警察的小衝突，但處於國共內戰下的國民黨對於「學潮」卻是相當敏感。這是由於 1940 年代起，發生於中國各地的學潮，都可發現共產黨的影子。

而事件除了波及到台大及師院兩所高等學府之外，受牽連的學生也受到極大影響。更可視為掀起後續白色恐怖時期的序幕。

學習領航家——  新絲路視頻

一饗知識盛宴，偷學大師真本事

新視野 》》》 新思路 》》》 新知識

全球華人跨時間、跨地域的知識服務平台

讓想擴充新知的你在短短的時間內就能汲取最優質、

充滿知性與理性的知識膠囊

新絲路視頻 重磅邀請台灣最有學識的出版之神——**王晴天博士**主講。您可以透過 新絲路視頻 ，「歷史真相系列1～」、「說書系列2～」、「文化傳承與文明之光3～」、「寰宇時空史地4～」、「改變人生的10個方法5～」一同與王博士論古談今，有別於傳統主流的思考觀點，讓您不再人云亦云！

新絲路視頻 於YouTube及台灣的視頻網站、各大部落格及土豆、騰訊、網路電台等平台皆有發布，邀請您跟 新絲路視頻 ，一同開闊新視野、拓展新思路、汲取新知識。

中學生一定要知道的
台灣史

國家圖書館出版品預行編目資料

中學生一定要知道的台灣史／
鴻漸*i*悅讀編輯團隊著
新北市：鴻漸文化出版　采舍國際有限公司發行
2019.09　面；　　公分
ISBN 978-986-97787-6-3 (平裝)

1.台灣史　2.傳記　3.通俗作品
733.21　　　　　　　　　　　108012117

～理想的推手～

理想需要推廣，才能讓更多人共享。采舍國際有限
公司，為您的書籍鋪設最佳網絡，橫跨兩岸同步發
行華文書刊，志在普及知識，散布您的理念，讓
「好書」都成為「暢銷書」與「長銷書」。
歡迎有理想的出版社加入我們的行列！

采舍國際有限公司行銷總代理
angel@mail.book4u.com.tw

全國最專業圖書總經銷
台灣射向全球華文市場之箭

鴻漸文化

中學生一定要知道的 台灣史

編著者●鴻漸i悅讀編輯團隊　　　　　總　顧　問●王寶玲

出版者●鴻漸文化　　　　　　　　　出版總監●歐綾纖

發行人●Jack　　　　　　　　　　　副總編輯●陳雅貞

美術設計●吳吉昌、陳君鳳　　　　　責任編輯●黃鈺文

排版●陳曉觀　　　　　　　　　　　特約編輯●楊巧雪

美術插畫●盧伯豪

編輯中心●新北市中和區中山路二段366巷10號10樓

電話●(02)2248-7896　　　　　　　　傳真●(02)2248-7758

總經銷●采舍國際有限公司

發行中心●235新北市中和區中山路二段366巷10號3樓

電話●(02)8245-8786　　　　　　　　傳真●(02)8245-8718

退貨中心●235新北市中和區中山路三段120-10號（青年廣場）B1

電話●(02)2226-7768　　　　　　　　傳真●(02)8226-7496

郵政劃撥戶名●采舍國際有限公司

郵政劃撥帳號●50017206（劃撥請另付一成郵資）

新絲路網路書店●www.silkbook.com

華文網網路書店●www.book4u.com.tw

PChome 24h書店●24h.pchome.com.tw/books/

出版日期●2019年9月

ISBN●978-986-97787-6-3

Google　鴻漸 facebook
鴻漸文化最新出版，相關訊息盡在粉絲專頁

本書係透過華文聯合出版平台（www.book4u.com.tw）自資出版印行，並委由
采舍國際有限公司（www.silkbook.com）總經銷。

─版權所有　翻印必究─

全系列
展示中心　　新北市中和區中山路二段366巷10號10樓（新絲路書店）

本書採減碳印製流程，碳足跡追蹤並使用優質中性紙（Acid & Alkali Free）通過綠色環保認證，最符環保要求。